Lieber Martin

Mein
Südtirol
Buch

Bilder von Evi Gasser
Texte von Kathrin Gschleier

Impressum:
Idee: Evi Gasser
Konzept: Kathrin Gschleier
Illustrationen und Layout: © Evi Gasser
Text: © Kathrin Gschleier
Druck: A. Weger, Brixen
1. Auflage 2014
© Verlag A. Weger, Brixen 2014

ISBN: 978-88-6563-102-7

Malerei und Musik

Die größte Herausforderung der Steinzeitmenschen bestand darin, das tägliche Leben zu bestreiten. Trotzdem hatten die Menschen auch Zeit und Freude an Kunst und Musik.

Davon zeugen **Höhlenmalereien**, aber auch selbst gefertigte Musikinstrumente.

Das älteste Instrument der Menschheit ist die **Knochenflöte.** Daneben gab es Pfeifen aus Sträuchern und Trommeln aus Baumstämmen.

Gottheiten und Schamanen

Die ersten Menschen waren **Naturvölker**, die in enger Verbundenheit mit der Natur lebten. Ein fruchtbarer Boden und eine gute Jagd waren notwendig, um zu überleben. Für eine gute Jagd führten Schamanen **Rituale** mit Tierfellen durch, für eine reiche Ernte brachten sie Opfer dar und und bei Krankheiten baten sie die Göttinnen und Götter um Heilung.

Wenn ein Mensch starb, bestatteten die Steinzeitmenschen den Toten entweder in einer Grube (Hockergrab) oder in einer Steinkiste.

Jungsteinzeit 5500 - 3300 v. Chr.

Um 5500 v. Chr. begann in der Alpenregion die Jungsteinzeit. Die Jäger und Sammlerinnen wurden zu **sesshaften Bauern und Bäuerinnen.** Sie bauten Siedlungen, rodeten Wälder, bearbeiteten das fruchtbare Ackerland und züchteten Vieh.

Am liebsten hielten sie sich in den **Mittelgebirgslagen** unseres Landes auf, wie etwa bei Villanders, Säben, Völser Aicha, Gröden, Seiser Alm oder Sigmundskron.

Pfahlbauten

Die Menschen der bauten seit der Jungsteinzeit ihre **Häuser auf Pfählen** am Rande von Seen. Die Wände wurden aus Ruten geflochten und mit Lehm verputzt, die Dächer waren aus Stroh oder Schilf. Reste von Pfahlbauten aus der Bronzezeit wurden am **Ledrosee** und am **Gardasee** gefunden.

Die Menschen lernten das Spinnen und Weben, bearbeiteten Stoffe oder stellten Werkzeuge aus Tierknochen oder Holz her.

Ein Keramikgefäß hatte Verzierungen mit geometrischen Formen, Spiralen, Dreiecken, Vierecken und Kreisen.

Kunst und Handwerk

Die Jungsteinzeitvölker bearbeiteten erstmals Ton, um Nahrung aufzubewahren. Die Tongefäße brannte man auf offenen Feuerstellen an der freien Luft. Ein solches Keramikgefäß aus dem 5. Jt. wurde in **Villanders** gefunden.

Toten- und Ahnenkult

Aus der Jungsteinzeit kennt man große **Steingräber** der beginnenden Megalithkultur (griech. Mega = groß, lithos = Stein). Der Tote wurde zwischen vier Steinplatten gelegt, in die Frontplatte wurde ein rundes Loch gebohrt. Eine einfache Steinkiste ohne Seelenloch wurde in den Gandgütern von **Eppan** ausgegraben. Sie stammt aus der Kupferzeit.

Ackerbauern und Viehzüchter

Die Menschen lebten von dem, was sie anbauten: Weizen, Gerste, Roggen und Erbsen. Das Vieh, das sie hielten, bestand aus Rindern und Pferden, Ziegen, Schafen und Schweinen. Die **Kühe** waren jedoch kleiner als jene von heute, denn eine Kuh war nur etwa 90 cm groß. Erstmals gab es auch Haustiere: der Hund war fortan treuer Gefährte des Menschen.

90 cm

Kupferzeit

3300 - 2200 v. Chr.

Die Kupferzeit ist ein Zeitabschnitt zwischen der Jungsteinzeit und der Bronzezeit. Ihren Namen hat diese Epoche vom Kupfer, denn erstmals wurde dieses neue Metall abgebaut und verarbeitet.

Hauslabjoch

Hier wurde Ötzi gefunden

Milland
Gufidaun — Fundstellen Schmelzverfahren

Menhir von Algund

Menhir von Tramin

Siedlung in Kurtatsch

Kupfer wurde in den Bergen abgebaut, auf dem Feuer erhitzt und geformt, zuletzt mit Wasser abgekühlt.

Diese Technik erforderte ein spezialisiertes Handwerk, das der Schmied betrieb.

Menhir

Eine Besonderheit aus der Kupferzeit sind Menhire (menhir= langer Stein) aus dem 3. Jt. v. Chr. wie jener von **Tramin** oder **Algund**. Das sind hohe aufgerichtete Steine mit Darstellungen von Menschen mit Dolchen und Gürteln. Sie wurden vorwiegend für den Kult der Ahnen verwendet.

Ackerbauern und Viehzüchter

Die Völker der Kupferzeit lebten von der Landwirtschaft, spannten das Rind vor ihren Pflug und bauten auf den Äckern Getreide an.

Gerste Roggen Weizen Hafer Hirse

Die **Getreidesorten** auf dem Acker und die Tiere am Hof wurden vielfältiger.

Bohnen Erbsen

Für einen ausgewogenen **Speiseplan** sammelten sie Wildfrüchte, Pilze, Beeren und Kräuter.

Pilze Beeren Kräuter

Am Hof hielten die Menschen **Haustiere** und gingen in den nahe gelegenen Wäldern jagen.

Bestattung und Gräber

In der Kupferzeit bestatteten die Menschen ihre Toten in **ovalen Gruben** etwas abseits der Siedlung oder auch **unter Felsvorsprüngen**. Die Menschen glaubten an ein Weiterleben nach dem Tod und gaben den Toten Grabbeigaben wie Pfeilspitzen, Dolche, Beile oder Schmuck mit auf die Reise ins Jenseits.

Bekannt sind aus der Kupferzeit auch Kultplätze wie jener in Feldhurns, von dem im **Archeoparc** erzählt wird.

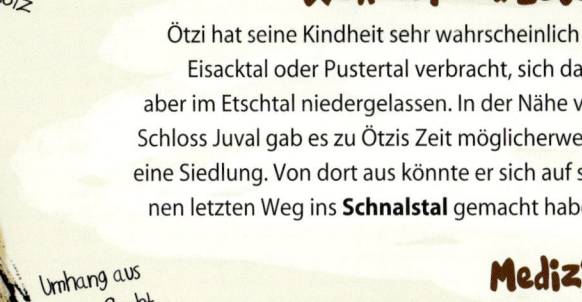

Mütze aus Bärenfell

vierzehn Pfeile aus dem Holz des Wolligen Schneeballs, Pfeilspitzen aus Feuerstein

Beil aus Kupfer

Bogen aus Eibenholz

Kraxe aus Haselholz

Jacke aus Ziegenfell

Umhang aus Grasgeflecht

Dolch aus Feuerstein und Griff aus Eschenholz

Lederbeutel mit Pfeilspitzen und Feuerstein

Hose aus Fell der Hausziege

Schuhe aus geflochtenem Bast und Heu, mit Sohle aus Bärenfell und Oberseite aus Hirschfell

Gletschermumie Ötzi

Um 3300 v. Chr. lebte ein Mann, der 5.000 Jahre später als Ötzi bekannt wurde. Seine Leiche wurde 1991 in den Ötztaler Alpen gefunden. Das Besondere an der Gletschermumie Ötzi ist, dass es die bisher einzig erhaltene **Mumie** aus der Kupferzeit ist, die sich natürlich (durch Gefrieren und Trocknung) erhalten hat.

Wohnort und Leben

Ötzi hat seine Kindheit sehr wahrscheinlich im Eisacktal oder Pustertal verbracht, sich dann aber im Etschtal niedergelassen. In der Nähe von Schloss Juval gab es zu Ötzis Zeit möglicherweise eine Siedlung. Von dort aus könnte er sich auf seinen letzten Weg ins **Schnalstal** gemacht haben.

Medizin

Ötzi war an den Lenden, am rechten Fußknöchel und am rechten Knie tätowiert. Möglicherweise hatten diese **Tätowierungen** eine heilende Wirkung. Tätowierungen waren bereits in der Steinzeit bekannt. Außerdem hatte Ötzi getrocknete Pilze bei sich, die er möglicherweise zum Stillen von Blut benutzte.

Hey, solche tolle Pfeile würde ich auch gerne mal schnitzen!

Bronzezeit

2200 - 1000 v. Chr.

Heute habe ich einen schönen Topf für das frische Korn gemacht!

Das goldglänzende Metall wurde aus der Verbindung von Kupfer und Zinn (neun Teile Kupfer, ein Teil Zinn) gewonnen. Mit Bronze war es erstmals möglich, reich zu werden, denn Bronzebarren wurden als Tauschmittel eingesetzt, lange bevor es Geld gab. Doch indem die Menschen Besitztümer anhäuften, nahmen auch Streit und Krieg um die Reichtümer zu.

Siedlungen

Die ersten Völker siedelten an Flüssen oder Seen, auf Hügeln und Kuppen. In strategisch guten Lagen legten sie **Wallburgen** mit Häuser-siedlungen an. Eine bronzezeitliche Siedlung an der Etsch ist aus Pfatten bekannt, eine befestigte Höhensiedlung in Sotciastel im Gadertal. Weitere Siedlungen wurden am **Albanbichl** bei St. Andrä und am **Nössingbichl** bei Neustift ausgegraben. Solche Wallburgen waren in ganz Südtirol verteilt.

Handwerk und Berufe

Die ersten Völker gingen neben der Landwirtschaft einer Reihe von Tätigkeiten nach. Sie waren Bauern und Hirten, Handwerker, Händler und vereinzelt auch Bergleute. Die Menschen von damals stellten bereits viele **Gegenstände** her:

Seile

Holz

Körbe

Wolle

Kleider

Schmuck

Helme

Stoffe

Schwerter

Aus Bronze stellten die Menschen Helme, Schwerter und Äxte zur Verteidigung ihrer Siedlungen her. Auf dem **Penser Joch** etwa wurde eine solche Bronzeaxt gefunden.

Strohdach oder Schindeldach

Feuerstelle im Inneren

Pfähle und Wände aus Holz

Steinfundament

Häuser aus der Bronzezeit

Auf dem **Ganglegg bei Schluderns** im Vinschgau wurde eine Höhensiedlung aus der Bronzezeit ausgegraben. Gefunden wurden auch einige Gebäude, deren Überreste und Rekonstruktionen im archäologischen Park vom Ganglegg besichtigt werden können.

Hallo Kinder, ich bin Marie und wohne mit meinen Eltern und Großeltern auf einem Bauernhof. Gemeinsam mit meinem Freund Alex zeigen wir dir heute unser Südtirol.
Auf den Schwingen des Adlers entführen wir euch von der Steinzeit bis in die heutige Zeit und auf einer spannenden Kulturreise erzählen wir euch von unserem Leben in Stadt und Land.
Haltet euch gut fest, gleich geht es los!

Hallo, ich bin Alex und komme aus Bozen. Am liebsten bin ich mit Marie auf den Bergen unterwegs, wo es immer wieder Neues zu entdecken gibt.
Kommt doch mit uns auf einer Reise durch die Natur und die Jahreszeiten, auf Pfaden und Wegen. Viel Spaß!

Inhaltsverzeichnis

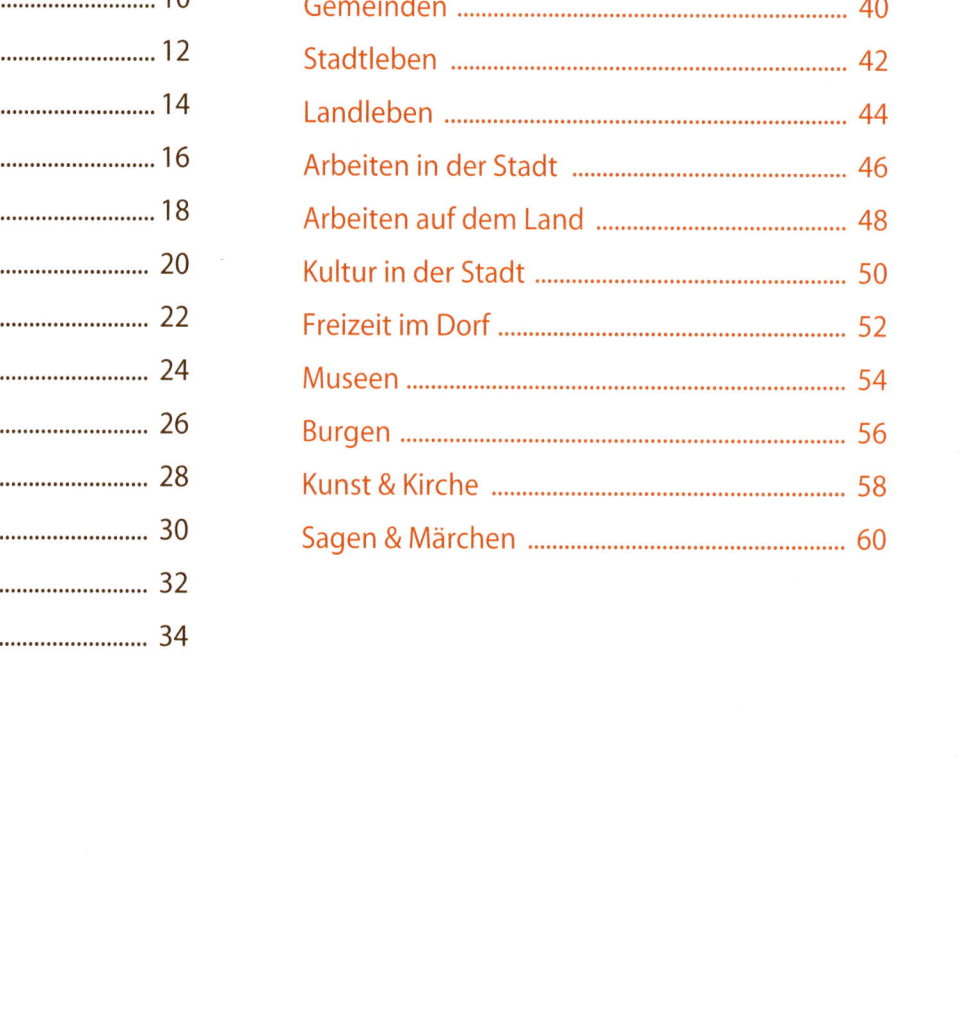

62 Unterwegs auf Pfaden und Wegen
Geografie und Natur

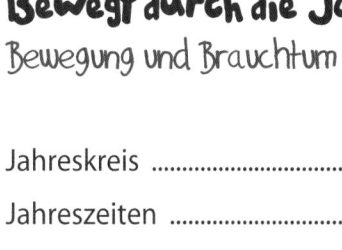

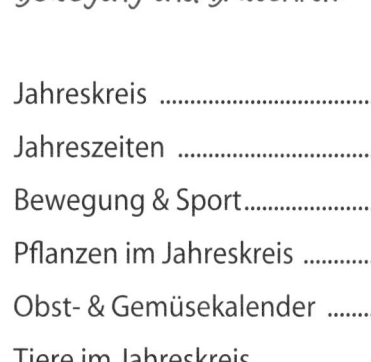

92 Bewegt durch die Jahreszeiten
Bewegung und Brauchtum

Der Adler hatte für die Menschen in Südtirol schon immer eine große Bedeutung. Bei den Naturvölkern im Lande war der beeindruckende Greifvogel ein Zeichen für Mut, Weitblick und Kraft.

Die Römer verehrten den Adler als Mittler zwischen den Göttern im Himmel und den Menschen auf der Erde. Im römischen Heer war die Aquila das höchste Abzeichen der Legionäre, ab dem Jahr 430 führten die Römer den Adler als Wappentier auf den Schilden ihrer Truppen.

3300 v. Chr.
Ötzi aus der Kupferzeit
Seite **10**

5000 v. Chr.
Siedlung
aus der
Jungsteinzeit
Seite **8**

Um 2000 v. Chr.
Höhensiedlung
aus der Bronzezeit
Seite **12**

Um 1000 v. Chr.
Räter in der
Eisenzeit
Seite **14**

1. Jh. n. Chr.
Via Claudia Augusta
in der Kaiserzeit
Seite **16**

579
Bischof Ingenuin
in der Spätantike
Seite **18**

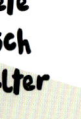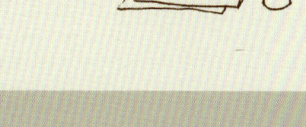

1525
Michael Gaismair
in der Neuzeit
Seite **22**

1797
Katharina Lanz
zur Zeit Napoleons
Seite **24**

1335
Margarete
Maultasch
im Mittelalter
Seite **20**

1809
Andreas Hofer
im 19. Jh.
Seite **26**

Altsteinzeit	Mittelsteinzeit	Jungsteinzeit	Kupferzeit	Bronzezeit	Eisenzeit
15000 – 9000 v. Chr.	9000 – 5500 v. Chr.	5500 – 3300 v. Chr.	3300 – 2200 v. Ch.	2200 – 1000 v. Chr.	1000 – 15 v. Chr.

Im 12. Jh. wurde der Adler unter Kaiser Friedrich Barbarossa zum Zeichen für das Römische Reich. Kaiser Sigismund veränderte im 15. Jh. das Reichswappen, indem er den doppelköpfigen Adler einführte. Dieser Reichsadler ging im 19. Jh. auf die Doppelmonarchie Österreich-Ungarn über.

Ab dem 13. Jh. steht der Adler symbolisch für das Land Tirol, das im Mittelalter von den Grafen von Tirol regiert wurde. Die späteren Herrscher, die Familie der Habsburger, gaben dem Land an Etsch, Eisack und Inn auch das Pustertal dazu.

Heute tragen das Bundesland Tirol, das Trentino und Südtirol denselben Adler in ihren Landeswappen.

In Begleitung des Adlers

Schau doch mal Alex, was sich in unserem Land alles zugetragen hat!

1906 Erstes Automobil im 20. Jh.
Seite 28

1915 Frontkämpfer im Ersten Weltkrieg
Seite 30

1943 Bombenangriffe im Zweiten Weltkrieg
Seite 32

1961 Feuernacht der 60er Jahre
Seite 34

Kaiserzeit	Spätantike	Mittelalter	Neuzeit	Aufklärung	Freiheitskampf	Weltkriege
15 v. Chr. – 3. Jh. n. Chr.	3. - 6. Jh. n. Chr.	6. – 15. Jh.	16. und 17. Jh.	18.Jh.	19. Jh.	20. Jh.

7

Toll, was die Menschen vor 7000 Jahren schon alles konnten!

Steinzeit

Die Steinzeit ist jene Zeit, in der erstmals Menschen auf der Erde lebten. Dieses Zeitalter wird unterteilt in Altsteinzeit, Mittelsteinzeit und Jungsteinzeit. Gemeinsam ist diesen dreien, dass der Stein ihr wichtigstes Werkzeug war.

Altsteinzeit 15000 - 9000 v. Chr.

Bereits in der Altsteinzeit, zwischen den Eiszeiten um 15000 v. Chr. sind Jäger durch Südtirol gezogen. Wegen des kalten Klimas hielten sich die Jäger nur in den Sommermonaten auf den Bergen auf. Der Tschon Stoan auf der **Seiser Alm** ist ein Eiszeitfindling aus der Altsteinzeit.

Mittelsteinzeit 9000 - 5500 v. Chr.

Nach dem Ende der letzten Eiszeit begann die Mittelsteinzeit. Die dicke Eisdecke der Alpen schmolz und neue Lebensräume für Pflanzen, Tiere und Menschen wurden das ganze Jahr über frei. In den Hochtälern **Gröden, Lüsen** oder **Ulten** haben Archäologen auf 2.000 m Höhe Spuren von Jägern und Sammlerinnen gefunden.

Höhlen

Die Steinzeitmenschen wohnten in Höhlen und **Felsüberhängen.** Diese Höhlen und Felsdächer boten Schutz vor Tieren und Unwettern. Am Plan de Frea am **Grödner Joch** wurde ein solcher Jägerrastplatz mit einer Feuerstelle und Feuersteinen gefunden.

Waffen und Werkzeug

Um große Tiere zu jagen, hoben die Menschen eine **Grube** aus, legten im Inneren Speere aus und bedeckten sie mit Ästen und Zweigen. Die Tiere wurden in die Grube getrieben und dort mit Steinen und Klingen getötet. Die ersten Waffen wie etwa **Speere** waren aus Stein, ebenso das Werkzeug zum Schneiden des Fleisches und zum Bearbeiten des Fells.

Jäger und Sammlerinnen

Die ersten Menschen waren **Nomaden**. Sie wanderten dorthin, wo es Nahrung gab. Sie jagten wild lebende Tiere wie Hirsche, Rehe, Murmeltiere, Hasen, Vögel und Fisch und sammelten Früchte, Nüsse, Beeren, Vogeleier, essbare Wurzeln und Wildgemüse. Die Menschen zogen in kleineren Gemeinschaften oder als Familie umher. Um von der Jagd und den wilden Früchten zu überleben, brauchte ein einziger Mensch eine Fläche von mehreren Quadratkilometern, eine ganze Familie sogar 200 Quadratkilometer.

Feuer machen

Um Feuer zu machen, verwendeten die Menschen **Feuerstein** (Silex).

Pfeilspitze aus Feuerstein

2 STEINE
FUNKEN
HOLZ
BRENNBARE PFLANZEN
FEUER!

Die Steinzeitmenschen aßen am liebsten gegrilltes und gegartes Fleisch.

Das Feuer war zum Überleben absolut wichtig, weshalb die Brandstelle und die Glut Tag und Nacht gehütet wurden.

Leben in der Höhensiedlung

In der Bronzezeit ernährten sich die Menschen von Hirse, Gerste, Emmer, Dinkel, Einkorn, Erbsen, Saubohnen, Lein und Schlafmohn. Das Getreide lagerten die Menschen in einem Speicher aus Holz. In der Bronzezeit hielten die Menschen neben Rindern und Schweinen, Schafen und Ziegen auch bereits **Pferde** und Hunde.

Kultur

Die Kultur ab 1200 v. Chr. wird als **Laugen-Melaun-Kultur** bezeichnet. Laugen ist ein zu Land gewordener See am Natzer Plateau oberhalb von Brixen, an dem Funde aus der Bronzezeit, wie der Laugener Krug ausgegraben wurden. Melaun hingegen liegt in Richtung Plose oberhalb von Brixen, wo ein bedeutendes **Gräberfeld mit Urnen** ausgegraben wurde. Das Gräberfeld stammt allerdings aus der frühen Eisenzeit.

Gefäße aus Keramik

Das Besondere an der Laugen-Melaun-Kultur sind die reich verzierten Keramiken. Die Gefäße wurden noch **ohne Töpferscheibe** hergestellt und im Haushalt verwendet, um Waren zu konservieren oder zu transportieren. Aus Keramik wurden auch Urnen oder Kultgefäße hergestellt.

Religion und Kult

Die ersten Völker sahen in der Natur ihre Große Mutter, die ihnen alles gab, was sie zum Leben brauchten. In Höhlen, auf Bergen, auf Kuppen und in Wäldern wurden den Gottheiten Opfer dargebracht und Zeremonien abgehalten. Die bekanntesten **Brandopferplätze** aus der Bronzezeit befinden sich an der Roterdspitze und am Burgstall auf dem Schlern.

Brandbestattung

Die Völker der Bronzezeit verbrannten ihre Verstorbenen und füllten deren Asche in Urnen. Die Urnen vergrub man in **Urnengräberfeldern**. Ein solches Gräberfeld aus der Bronzezeit ist aus Kortsch im Vinschgau bekannt.

Eisenzeit
1000 - 15 v. Chr.

Anhänger der Göttin Raetia

Rätische Stämme und Siedlungen

Siedlung am Tartscher Bühel mit ca. 80 Häusern, teilweise zweistöckig

Höhensiedlung von Ganglegg bei Schluderns

Venosten im Vinschgau

Sinduni im Etschtal

Isarci im Eisacktal

Anauni & Tuliasses in Ulten

Rätisches Dorf in Eppan

Die Räter und Räterinnen sind das erste Volk Südtirols, dessen Namen wir heute kennen.

Die Eisenzeit ist ebenso wie die Bronzezeit eine Epoche der Ur- und Frühgeschichte von Südtirol. Sie beginnt in Mitteleuropa um 1000 v. Chr. mit der Erfindung des Eisens und endet mit der Ankunft der Römer um 15. v. Chr. Diese sogenannte Eisenzeit wird hierzulande von den Rätern geprägt. Ins Pustertal drangen ab dem 4. Jh. v. Chr. auch Kelten ins Land.

Göttin Raetia

Der Name Räter stammte von der venetischen Göttin Raetia, einer uralten Göttin von Himmel und Erde. Raetia wurde für die Heilung von körperlichen Leiden angerufen, für Fruchtbarkeit von Mensch, Tier und Pflanzenreich, sowie als Begleiterin ins Jenseits.

Opfergaben

In Moritzing bei Bozen haben Archäologen eine Fundstätte mit ca. 3.000 Opfergaben ausgegraben. An der Stelle des einstigen Kultortes steht heute die Kirche, die den Heiligen Kosma und Damian geweiht ist.

Die **Weihgaben** sind vorwiegend aus Bronze:

Fibeln

Nadeln

Ringe

Bronze-statuetten

Dargestellt wurden oft Körperteile, Frauenfiguren, Reiter oder Pferde.

Was für ein wunderbarer Schmuck aus Bronze!

Keltisches Königreich Noricum

Um 200 v. Chr. gründet der Stamm der **Noriker** gemeinsam mit zwölf weiteren Stämmen das Königreich Noricum.

Das **keltische Schwert** war aus Stahl und deshalb härter als gewöhnliche Eisenschwerter.

Keltische Schwerter

Die norischen Kelten hatten zwei Besonderheiten: sie waren **Krieger** und bekannt für ihre **Schmiedekunst**. Mit dem neuen Metall Eisen war es ein Leichtes, hartes Werkzeug für die Landwirtschaft wie den Pflug und starke Waffen für den Krieg wie Schwerter, Dolche, Messer und Lanzen herzustellen.

Die Kelten galten auch als Erfinder der **Sense,** mit der sie schnell viel Gras schneiden und Heu mähen konnten.

Keltischer Stamm Saevates im Pustertal

Der Stammesfürst der Saevates hieß **Busturus** und gab vermutlich dem Pustertal seinen Namen. Die Saevates siedelten im Gebiet des heutigen St. Lorenzen.

Ortsnamen mit keltischen Wurzeln sind Toblach, Taisten, Luttach, Vintl und Prags.

Noreia

Die **Hauptstadt** war Noreia im heutigen Kärnten. Sowohl das Volk als auch die Hauptstadt und das Land Noricum wurden nach der **Göttin** Noreia benannt. Noreia war eine große Muttergöttin der Noriker. Ihr Name heißt auf aramäisch „Die Feurige".

Funde

In einem Gräberfeld in Pfatten wurde ein keltischer Helm gefunden, am Tartscher Bühel im Vinschgau ein keltisches Schwert.

Haar streng zurückgekämmt, blond oder rot gefärbt

Tätowierungen

Langer Schnurrbart

Statur groß und kräftig

Kelten

Der Name der Kelten bedeutet im Griechischen **die Kühnen**. Die Mythen erzählen, dass die Kelten vom altgriechischen Helden Herakles abstammen. Sicher ist, dass sich um 800 v. Chr. in Mitteleuropa verschiedene keltische Stämme herausbildeten und bis ins Pustertal vordrangen.

Priester, Lehrer, Arzt und Berater

Das breite Wissen um die Heilkräfte der Natur erwarben die **Druiden** in jahrelangen Studien der Natur. Durch ihre Tätigkeit als Heiler, Lehrer und Priester und durch ihr großes Wissen waren die Druiden wichtige **Ratgeber** bei allen Entscheidungen der Gemeinschaft. In Waldlichtungen zelebrierten die Druiden **Rituale** und brauten aus Misteln einen heilenden Trank.

Rätischer Wein

Der rätische Wein ist bereits um 1300 v. Chr. in den Alpen bekannt. Er war bei den benachbarten Völkern wie etwa den Römern, Kelten und Etruskern sehr beliebt.

Keltische Münzen

Die Kelten prägten eigene Gold- und Silbermünzen, die **norischen Münzen**. Mit den Rätern betrieben sie Handel: sie brachten ihnen Waffen, Eisen oder Gold, die Räter gaben ihnen Wein und andere Nahrungsmittel.

Auf den Münzen waren Götter, Pferde und andere Tiere abgebildet.

Schrift

Von den benachbarten Etruskern lernten die Räter die etruskische Schrift, es entstand das rätische **Alphabet von Bozen-Sanzeno.**

ᚷᛁᚲᛈᛟᛁ

Auf Grabbeigaben oder Grabsteinen hinterließen die Räter ihre Namen. Trotzdem konnten nur wenige auserwählte Menschen lesen und schreiben. Der älteste bekannte Name ist jener von **Riviselchu** vom Tartscher Bühel. Er hinterließ seinen rätischen Namen auf einem Hirschhorn.

La-Tène-Kultur

Die Kultur der Kelten nannte sich ab 450 v. Chr. die La-Tène-Kultur. Typisch für diese Kultur waren neben Kunstwerken aus Eisen und Schmuck auch **Töpfergefäße**, welche mit der Töpferscheibe hergestellt wurden.

Die Gefäße waren mit Motiven aus dem Tier- und Pflanzenreich verziert.

Die Kelten beherrschten die Emailkunst und stellten **Glas**, **Lederwaren** und **Textilien** her. Sie drechselten und kannten bereits den vierrädrigen **Wagen**.

Kaiserzeit

Die römische Kaiserzeit in der Antike begann mit dem ersten römischen Kaiser Augustus 27 v. Chr. und endete im Jahre 565 n. Chr. mit dem Tod Kaiser Justinians. In dieser Zeit verbreitete sich die römische Kultur in weiten Teilen Europas.

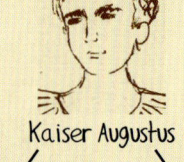

Kaiser Augustus

Stiefsohn Tiberius | Stiefsohn Drusus

Kaiser Augustus hatte zwei Stiefsöhne namens Tiberius und Drusus. Diese zwei römischen Feldherren marschierten im Jahre 15 v. Chr. mit ihren Soldatentruppen in den Alpenraum ein:

Die Römer

Die Römer sind nach der Hauptstadt **Rom** benannt. Im Laufe der Jahrhunderte eroberten die Römer viele Länder und schufen ein großes Reich: das **Römische Reich**.

Im Römischen Reich herrschten zuerst Könige, dann Konsuln und Senatoren, ab der Herrschaft von Kaiser Augustus gab es auch Kaiser. Sie führten das **Römische Heer** an, das aus Legionen zu je 60.000 Soldaten bestand.

Tiberius

Drusus

Feldzüge

Im südlichen Alpenraum lebten vor dem Einmarsch der Römern zwei große Volksgruppen: **Räter** und **Kelten.**

Auf ihren Feldzügen eroberten die Römer die rätischen und keltischen Stämme. Auf dem Tropaeum Alpium, einem römischen Siegesdenkmal in Monaco, wurden 46 Alpenstämme aufgelistet, die von den Römern unterworfen wurden.

> ATQILIVMIN
> PRAETEREATA
> HAEDORYMQ
> PONTVSETO
> LIBRADIESO

Amtssprache Latein

Im Römischen Reich lebten viele Völker mit unterschiedlichen Sprachen und Kulturen. Im Westen ihres Reiches führten die Römer Latein als Amtssprache ein. Im Alpenraum vermischte sich das Lateinische mit den Sprachen der einheimischen Bevölkerung. Daraus entstanden die rätoromanischen Sprachen.

Spuren römischer Gottheiten

In Partschins fand man einen Altar zu Ehren der Göttin **Nemesis**. Sie hütete die Grenzen und beschützte Grenzsoldaten und Zollbeamte.
In Kurtatsch lag eine Statue des Handelsgottes **Merkur**, in Mals der Kopf einer Venusstatue, in Innichen, Vintl und bei Klausen Jupiterstatuen und bei Waidbruck Weihesteine für **Isis** und **Mars**. Bei Mauls im Wipptal wurde ein Monument mit dem römisch-persischen Sonnengott **Mithras** gefunden, datiert auf das 3. Jh. n. Chr.

Lateinische Wochentage

Die wichtigsten Göttinnen und Götter der Römer waren die sieben wichtigsten Planeten. Nach ihnen benannten die Römer die bis heute gültigen Wochentage.

Gottheit	Planet	Wochentag	lateinisch	italienisch
Sol (Sonnengott)	Sonne	Sonntag	dies solis	domenica
Luna (Mondgöttin)	Mond	Montag	dies lunae	lunedì
Mars (Kriegsgott)	Mars	Dienstag	dies martis	martedì
Merkur (Handelsgott)	Merkur	Mittwoch	dies mercuri	mercoledì
Jupiter (Göttervater)	Jupiter	Donnerstag	dies iovis	giovedì
Venus (Liebesgöttin)	Venus	Freitag	dies veneris	venerdì
Saturn (Gott des Ackerbaus)	Saturn	Samstag	dies saturni	sabato

Die wichtigsten römischen Kaiser

27 v. Chr – 14 n. Chr.	14-37 n. Chr.	41-54 n. Chr.	98-117 n. Chr.	117-138 n. Chr.
Augustus war erster römischer Kaiser	**Tiberius,** Stiefsohn von Augustus, unterwarf die Räter	**Drusus**, Stiefsohn von Augustus, richtete die Provinzen Noricum und Raetia ein und baute die Via Claudia Augusta	**Trajan** machte Augsburg (Augusta Vindelicorum) zur Hauptstadt von Raetia	**Hadrian** erneuerte das Rechtswesen

Warum die Römer wohl so viele Straßen bauten?

Augusta Vindelicorum (Augsburg)

Im 1. Jh. n. Chr. gründeten die Römer die Provinzen Raetia und Noricum.

Provinz Raetia

Raetia reichte von der Donau bis ins obere Eisacktal und vom Genfer See über Vinschgau über Meran bis nach Brixen. Hauptstadt von Raetia war Augsburg (Augusta Vindelicorum).

NORICUM

RAETIA

Veldidena (Wilten/Innsbruck)

Via Claudia Augusta

Via Raetia

In St. Lorenzen wurden mehrere römische Häuser ausgegraben.

Provinz Noricum

Die römische Provinz Noricum reichte vom Pustertal bis nach Kärnten.

Breuni

Vipitenum (Sterzing)

Sebatum (St. Lorenzen)

Littamum (Innichen)

Römerstraßen und Zollstationen

Bis Anfang des 4. Jh. n. Chr. erstellten die Römer in Europa ein Straßennetz von **85.000 km** Länge.

Die Straßen waren breit genug für den Durchzug der römischen Heere und waren entlang der Strecke mit Herbergen, Gasthäusern und **Zollstationen** ausgestattet.

Alle 40 km gab es eine **Mansio**, eine Rast- und Wechselstation für Pferdewagen und Reiter, so z.B. in Innichen und St. Lorenzen.

Mia (Partschins)

Maia (Meran)

Venostae

Sabiona (Klausen)

Sublavione (Waidbruck)

In St. Pauls bei Eppan fanden Archäologen sogar eine römische Villa mit Mosaiken, Wandmalereien, einem Badezimmer und auch einer Fußbodenheizung.

Pons Drusi (Bozen)

Endidae (Neumarkt)

Tridentum (Trient)

Via Claudia Augusta Altinate

Feltria (Feltre)

Bellunum (Bellunum)

VENETIA ET HISTRIA

Münzen römischer Kaiser

Die ersten Münzen der Römer waren aus Bronze. Auf ihnen wurden **Gottheiten** und später **Kaiser** abgebildet. Diese Währungen waren Denare, Sesterze, Dupondien, Assen, Semis und Quadranten.

Via Claudia Augusta

Provinz Venezia et Histria

Die Provinz Venetia et Histria umfasste Venetien und Istrien und führte über das Etschtal bis nach Bozen und Meran.

Verona

Altinum

Münzfunde gibt es unter anderem aus Pfatten bei Branzoll, Mais bei Meran, der Seiser Alm und aus Sankt Lorenzen.

| 138-161 n. Chr. Münzen von **Kaiser Antonius Pius** wurden in Villanders gefunden | 161-180 n. Chr. Ein Sesterz von **Kaiser Mark Aurel** wurde in Völser Aicha gefunden | 193-211 n. Chr. **Septimus Severus** baute die Via Claudia Augusta aus | 235-238 n. Chr. Von **Maximinius Thraker** wurde ein Dupond in Völser Aicha gefunden | 284-305 n. Chr. **Diokletian** führte im Römischen Reich eine neue Verwaltung ein | 324-337 n. Chr. **Konstantin der Große** weitete seine Macht in Europa aus. Er war der erste christliche Kaiser und ließ sich 337 n. Chr. taufen |

Spätantike

400 - 600 n. Chr.

Die Hunnen fielen 375 in Mitteleuropa ein und lösten unter den germanischen Stämmen eine Reihe von Wanderbewegungen aus. Die letzte Völkerwanderung unternahmen die Langobarden, als sie im Jahre 568 über die Alpen nach Italien zogen. Bis zu dieser Zeit verehrten die Menschen im Alpenraum die Mutter Erde mit ihren vielen Göttinnen und Göttern. Ab 350 setzte sich in den Alpen nach und nach der christliche Glauben durch.

Die Germanen

In Mitteleuropa lebten um die Jahrtausendwende viele verschiedene germanische Stämme: **Hunnen, Ostgoten, Franken, Bajuwaren** und **Langobarden**. Die Germanen waren die wichtigsten Gegner der Römer und bedrohten während der Völkerwanderzeit die Grenzen des Römischen Reiches. Jedes Volk hatte einen eigenen Stammesführer.

Glauben

Die Germanen waren vorwiegend Heiden und verehrten wie die Römer und Kelten Göttinnen und Götter. Die wichtigsten Feste waren jene zu Ehren des Sonnengottes und Göttervaters Wotan und seiner Frau Freyja. Deren Spuren sind bis heute in alten Bräuchen zu finden.

Im Jahre 380 erklärte Kaiser Theodosius I. das Christentum zur **Staatsreligion** und verbot zehn Jahre später alle heidnischen Kulte. Im Alpenraum entstanden auf Hügeln und Anhöhen anstelle alter Kultorte viele kleine **Marienkirchen**.

Bistümer

Von den Bistümern Trient und Säben verbreiteten die Bischöfe das Christentum in den südlichen Alpen. Zum Bistum **Säben** gehörte das Gebiet im Eisacktal, zum Bistum **Trient** das Unterland, während Vinschgau Teil des Bistums **Chur** war.

Das Bistum Säben soll im 4. Jh. vom Märtyrer Kassian gegründet worden sein. Es unterstand anfangs dem römischen **Erzbischof von Aquileia**. Erst im 8. Jh. kam das Bistum Säben durch Kaiser Karl den Großen zum bairischen Erzbistum Salzburg.

Um 950 verlegten die Bischöfe ihren Wohnsitz von Säben nach Brixen.

> Kaum zu glauben, dass bereits die Ägypter einen Krummstab hatten wie der Bischof heute!

579 wird Igenuin erster Bischof von Säben.

Die bedeutendsten germanischen Herrscher des „Landes im Gebirge"

Ostgoten

Odoaker war von 476 bis 493 König von Italien. Mit ihm endete die Herrschaft der Römer in Raetia.

Theoderich der Große war von 493 bis 526 König von Italien. Er gründete das Ostgotenreich.

Franken

Chlodwig war Merowinger aus dem Stamm der Franken, der das Frankenreich gründete. Dazu gehörte ab 772 auch Vinschgau.

Bajuwaren

Herzog Tassilo I. war Herzog von Bayern und Herzog der Bajuwaren. Im Pustertal kämpfte er um 590 gegen die Slawen.

Herzog Tassilo III. war der letzte Herzog von Bayern und Vetter von Karl dem Großen. Er verbündete sich im 8. Jh. mit den Langobarden.

Langobarden

Karl der Große war Karolinger aus dem Stamm der Franken und auch König von Italien. Er ließ sich 774 zum König der Langobarden wählen.

Ostgoten

Unter der Herrschaft des Ostgotenkönigs **Theoderich des Großen** wuchsen verschiedene germanische und keltisch-römische Stämme zusammen. Er zog im Jahre 489 mit 20.000 Kriegern nach Italien, tötete den Ostgotenkönig Odoaker und wurde Herrscher von Italien.
In Italien gründete er das Ostgotenreich, zu dem auch das **Etschtal** gehörte.

Bajuwaren

Um die Mitte des 6. Jh. kamen von Norden die Bajuwaren unter Herzog **Tassilo I.** zu den rätoromanisch sprechenden Menschen ins Land. Sie ließen sich als Bauern im Land nieder, rodeten Wälder und gründeten mit Hilfe der fränkischen Könige Siedlungen und Dörfer im Wipptal, Eisacktal und Pustertal. Der bairische Herzog **Tassilo III.** führte im Land eine neue Verwaltung ein und teilte das Land in **Grafschaften**.

Langobarden

Ab dem 6. Jh. drangen von Süden die Langobarden ins Land und kämpften im Eisacktal gegen die Bajuwaren. Als jedoch im 8. Jh. der Frankenkönig **Karl der Große** die Langobarden besiegte und der bairische Herzog Tassilo starb, fielen die langobardischen Gebiete des **Etschtales** und die bairischen Stammesgebiete im **Eisacktal, Wipptal** und **Pustertal** an das große Frankenreich.

Karl der Große war einer der bedeutendsten Herrscher Europas.

Franken

Bajuwaren

Langobarden

Das Land um 600 n. Chr.

Germanische Ortsnamen

Die Ortsnamen des Landes haben verschiedene alteuropäische, rätische, keltische, lateinische oder geranische Wurzeln. Sie zeigen, dass in Südtirol alteuropäische Völker, Räter, Kelten, Römer und Bajuwaren siedelten.

Bajuwarische Ortsnamen stehen oft in Zusammenhang mit Begriffen und Techniken der Rodung von Wäldern. Bajuwarische Ortsnamen erkennt man an den Endungen **-ing** wie **Issing.**

Frauen im Frühmittelalter

Das Leben der Frau vollzog sich in drei Phasen: die Zeit als junges **Mädchen** und Jungfrau, als Ehefrau und **Mutter** und zuletzt als **Witwe** und weise Frau.

Mit dem Eintritt in die Pubertät wurden die jungen Frauen verheiratet und waren selbst für Haushalt, Familie und Erziehung verantwortlich.

Starb der Mann, führte die Frau den Hof mit ihren Kindern weiter und war eine wichtige Ratgeberin in allen Fragen des Lebens.

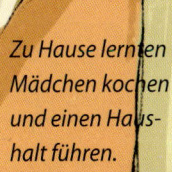

Zu Hause lernten Mädchen kochen und einen Haushalt führen.

Mittelalter

Im Mittelalter gehörten die größten Teile des Landes zum Herzogtum Bayern. Bischöfe und Grafen verwalteten für Herzöge und Kaiser das „Land im Gebirge", wie das spätere Tirol auch genannt wurde.

Wenn ich groß bin, werde ich Ritter!

Grafen von Tirol

Die Bischöfe gaben die Verwaltung ihrer Gebiete an adelige Grafen weiter. Diese Grafen waren Vögte (Verwalter) ihrer geistlichen Lehensherren. Die bedeutendsten Adeligen unseres Landes waren die Grafen von Tirol. Sie hatten ihren Namen von der **Burg Tirol** und verwalteten anfangs nur die Gebiete im Vinschgau und um den Reschen.

Graf Albert III. von Tirol erwarb 1248 von den Andechser Grafen die Gebiete Unterinntal und Wipptal. Damit waren die wichtigsten Täler des heutigen Südtirol **als Herrschaft der Grafen von Tirol** erstmals vereint.

Graf Meinhard II. von Tirol kam 1259 an die Macht und wurde nach und nach der größte Grundbesitzer der **Grafschaft Tirol**. Er gab den Bauern mehr Rechte und Freiheiten, führte Gerichte und Amtsstellen ein und förderte Verkehr und Handel.

In dieser Zeit blühten die Städte Bozen, Meran, Sterzing und Glurns auf. Als erster Tiroler Graf prägte er 1274 in Meran seine eigene **Münze** mit dem Bild eines Tiroler Adlers.

Mittelalterliche Burgen

Die **Grafen von Tirol** wohnten vom 12. bis ins 14. Jh. in der Burg Tirol (später Schloss Tirol). Den Grafen gehörten nicht nur Burgen, sondern auch die jeweils umliegenden Ländereien. Auf einer mittelalterlichen Burg lebte ein Graf oder ein Ritter mit seiner Familie, mit Wachen und Rittern, mit Dienstboten und Handwerkern, mit Stallburschen und Jagdgehilfen.

Leben der Ritter

Ritter waren Panzerreiter im Krieg. Sie verteidigten die Burg des Grafen oder Bischofs und sicherten die Grenzen des Landes.

Als **Pagen** lernten werdende Ritter mit Waffen umgehen, reiten und Schmerzen oder Ängste überwinden. Als **Knappen** begleiteten sie ihre Herren ab dem 14. Lebensjahr in den Kampf, mit 21 Jahren wurden junge Männer zu Rittern geschlagen.

Rüstungen

Sehenswert ist die Rüstkammer auf der **Churburg Schluderns**. Sie umfasst mehr als 50 Rüstungen und ist damit die weltweit größte private Sammlung an Rüstungen. Im August gibt es unterhalb der Churburg spektakuläre **Ritterspiele** mit Rittern hoch zu Ross.

Heilberufe

Im 13. Jh. setzten sich Frauen in heilenden Berufen durch. Kräuterfrauen oder Hebammen standen bei der Bevölkerung in hohem Ansehen. Ärzten war der Zugang zum weiblichen Körper untersagt, weil die Kirche den Männern eine intensive Beschäftigung mit dem Körper der Frau verbot. Im 14. Jh. wurde der Heilberuf von der Kirche verboten, das heilkundige Wissen wurde in Verbindung mit Magie und Hexerei gebracht.

Helm

Lanze

Kettenhemd

Eine vollständige Ritterrüstung war nicht billig, sie kostete mit Streitross, Schild und Lanze etwa 45 Kühe.

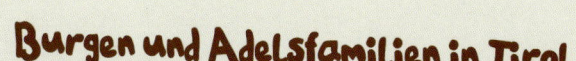

Burgen und Adelsfamilien in Tirol

- Burg Tirol der **Grafen von Tirol**
- Haderburg und Burg Hocheppan, **Grafen von Eppan**
- Michaelsburg der **Grafen von Andechs**
- Burg Juval der **Herren von Montalban**
- Burg Pröls der **Herren von Völs**
- Burg Taufers der **Herren von Taufers**

Friedrich mit der leeren Tasche

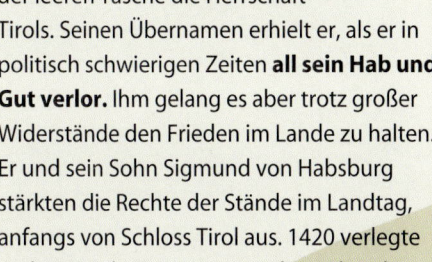

1406 übernahm Friedrich IV. mit der leeren Tasche die Herrschaft Tirols. Seinen Übernamen erhielt er, als er in politisch schwierigen Zeiten **all sein Hab und Gut verlor**. Ihm gelang es aber trotz großer Widerstände den Frieden im Lande zu halten. Er und sein Sohn Sigmund von Habsburg stärkten die Rechte der Stände im Landtag, anfangs von Schloss Tirol aus. 1420 verlegte er den Sitz der Regierung nach Innsbruck.

Sigmund der Münzreiche

Sigmund von Habsburg, auch der Münzreiche genannt, erhielt seinen Beinamen, weil er gern **großzügig mit Geld umging**. Er gab wichtige Anstöße für die Münzreform in Europa, indem er die große Silbermünze, den Silbertaler, einführte. Sie war gleich viel wert wie der Goldgulden.

Margarete Maultasch

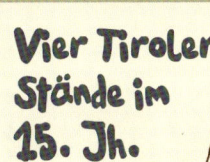

Margarete von Tirol-Görz war die einzige Enkelin von Graf Meinhard II. Mit zwölf Jahren heiratete sie Johann Heinrich von Luxemburg, wurde 1335 **Gräfin des Landes Tirol** und trennte sich bald wieder von ihrem Mann. Später heiratete Margarete Ludwig von Brandenburg. Am liebsten hielt sich Margarete auf der Burg Neuhaus in **Terlan** auf, bekannt als **Schloss Maultasch**. Ihr Nachfolger wurde ihr Cousin Rudolf IV., der erste Habsburger in Tirol.

Walther von der Vogelweide (ca. 1170 – 1230)

Walther von der Vogelweide war der bedeutendste deutsche Minnesänger. Der Dichter ist wahrscheinlich in Lajen Ried auf dem **Vogelweiderhof** geboren. Am Fürstenhof in Wien lernte er das Singen und Dichten. Seine Liebeslieder und politischen Gedichte trug Walther von der Vogelweide auf den mittelalterlichen Burgen und Fürstenhöfen vor. In Bozen ist ein Platz nach ihm benannt, auf dem eine Statue von Walther von der Vogelweide steht.

Walther von der Vogelweide hat über 90 Minnelieder und 150 Singsprüche geschrieben.

Oswald von Wolkenstein (1377-1445)

In der Grafschaft Tirol war Oswald von Wolkenstein als Minnesänger sehr bekannt. Er war nicht nur Sänger, Dichter und Komponist, sondern auch Ritter und Vormund von Sigmund dem Münzreichen. Oswald von Wolkenstein wurde auf Schloss Schöneck im Pustertal geboren. Ihm gehörte die **Burg Hauenstein**, die heute nur mehr als Ruine zu sehen ist. Nach ihm ist der Oswald-von-Wolkenstein-Ritt in Kastelruth, Seis und Völs, sowie ein Themenweg am Fuße des Schlerns benannt. Oswald von Wolkenstein konnte zehn Sprachen und unternahm für Sigmund den Münzreichen weite Reisen.

Als Kind verlor er sein rechtes Auge, weshalb er stets eine Augenbinde trug.

Vier Tiroler Stände im 15. Jh.

Klerus: Bischöfe Brixen und Trient, sowie Vertreter der Stifte

Adel: Vertreter aller adeligen Familien

Bürger: Vertreter der Stadt

Bauern: Boten der Gerichte

Die Gräfin Margarete Maultasch band die vier **Tiroler Landesstände** bei ihren politischen Entscheidungen ein. Doch erst unter den Habsburgern fand offiziell der erste **Tiroler Landtag** statt, in dem die Stände in allen wichtigen Entscheidungen mitreden durften.

Abgaben

Die Bauern bewirtschafteten die Höfe und Weiden. Sie bauten Getreide an und züchteten Vieh. Das Land, das sie bebauten, gehörte den Grafen und Bischöfen. Ihren Grundherren leisteten die Bauern Abgaben in Form von **Naturalien**. Geld als Zahlungsmittel wurde erst im 16. Jh. eingeführt.

Nicht vertreten im Landtag waren Frauen, Dienstboten, Mittellose und Bergknappen.

Bergbau

Tirol zählte zu den reichsten Silber- und Kupferlieferanten Europas. Die wichtigsten Bergbaugebiete waren **Gossensass, Pflersch, Sterzing, Klausen, Terlan** und das **Ahrntal.** Wichtige Einnahmen erhielten die Landesfürsten aus dem Handel, sowie auch aus den reichen Bergschätzen. Tirol wurde deshalb auch die **Schatzkammer** des Hauses Österreich genannt.

Bergwerke

Ein Bergwerk bestand aus Stollen und Schächten in verschiedenen Stockwerken. Um das Erz herauszulösen, brauchte man Schmelzhütten, Dampfkessel und Treibherde. Für diese Arbeiten waren täglich **Knappen, Holzarbeiter, Erzführer, Schmelzer** und **Köhler** im Einsatz. Ein Rückgang der wichtigsten Bergschätze Silber und Kupfer wurde erst Ende des 16. Jh. verzeichnet. Am längsten hielten sich die Gruben im **Ahrntal.**

Knappenstadt Sterzing

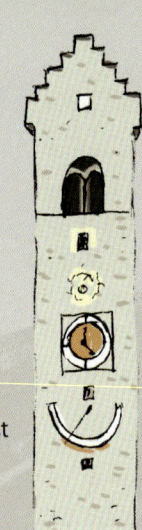

Im Gebiet rund um Sterzing arbeiteten rund 10.000 Knappen, denn das Gebiet hatte reiche Vorkommen an Silber und Blei. Besitzer der Stollen war bis ins 16. Jh. die reiche Handelsfamilie der Fugger aus Augsburg, deshalb wird Sterzing bis heute auch die **Fuggerstadt** genannt.

Jakob von Fugger

Neuzeit
15.- 17. Jahrhundert

Die Neuzeit ist der Beginn einer neuen Zeit. In Europa beginnt die Neuzeit mit technischen Erfindungen wie dem Buchdruck von Johannes Gutenberg um 1450. In Tirol wurden im 15. Jh. wertvolle Bodenschätze abgebaut.

Nach dem Tod von Sigmund dem Münzreichen im Jahr 1496 hatte Tirol bis 1564 keinen eigenen Landesfürsten mehr. Es regierten die Herzöge von Österreich und die römisch-deutschen Kaiser Maximilian I., Karl V. und Ferdinand I.

Die neuen Machthaber beuteten das Land und seine Bodenschätze aus, gleich wie zuvor die Handelsfamilien und die Bischöfe. Das brachte die Bauern gegen ihre weltlichen und geistlichen Herren auf. Diese Wut entlud sich im Tiroler Bauernaufstand.

> Jetzt ist es nicht mehr weit bis zum Bozner Markt!!

Krankheiten und Schwarzer Tod

Anfang 1349 kam der in ganz Europa verbreitete Schwarze Tod nach Tirol. So nannte man die Pest, die in Wellen das Land erreichte und Hunderte von Opfern forderte. Eine weitere Krankheitswelle folgte Anfang des 16. und wieder Anfang des 17. Jh. Pestkirchlein wie etwa jenes von **St. Sebastian am Ritten** oder das **Totenkirchlein von Villanders** stehen zum Dank für den Schutz gegen die verheerende Pest.

Hexenprozess

Als Hexe oder Hexenmeister wurden im Mittelalter Menschen bezeichnet, die angeblich zaubern oder hexen konnten. Die Anzahl der in Hexenprozessen in Tirol verurteilten und zu Tode gekommenen Menschen variiert. Nachweisbar wurden in Tirol 50 Frauen, Männern und Kinder hingerichtet. Vorgeworfen wurde ihnen entweder ein Pakt mit dem Teufel, die Teilnahme an einem Hexentreffen oder der Tod von Vieh oder Mensch. Der erste bedeutende Hexenprozess Tirols fand 1506 auf **Schloss Prösels** statt. Erst Kaiserin Maria Theresia und Kaiser Joseph II. machten den grausamen Prozessen ein Ende. 1776 wurde die Folter abgeschafft, zwölf Jahre später wurden die Begriffe Hexerei und Zauberei aus dem neuen Strafrecht gestrichen.

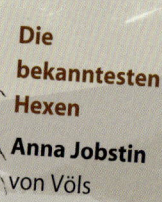

Die bekanntesten Hexen

Anna Jobstin von Völs (Prozess 1506)

die Pachlerzottl von Sarnthein (Prozess 1540)

Anna Mezger vom Ritten (Prozess 1634/35)

Bozner Markt

Der gesamte Warenaustausch zwischen **Venedig** und **Augsburg**, zwischen Italien und dem deutschsprachigen Raum mit Waren aus dem Orient und Mitteleuropa wanderte durch Tirol. **Bozen** wurde neben Hall in Tirol zur wichtigsten Handelsstadt.

1202 wurde der **Bozner Markt** erstmals erwähnt. Er war ein guter Umschlagplatz für Waren und Händler aus dem Norden und Süden.

Handelswege

Die Straßen und Wege der Neuzeit entsprachen bei weitem nicht den heutigen Standards. Herausragend bei der Instandhaltung der Handelswege war der Bozner Kaufmann **Heinrich Kunter**, der im 14. Jh. den Weg von Bozen durch die Eisackschlucht bis zur Trostburg freilegte. Im 15. Jh. wurde daraus mit Hilfe moderner Sprengtechnik ein richtiger **Fuhrweg** angelegt. 1480 wurde der Kaiserweg über den Ritten geschlossen.

Transport

Kleine Warentransporte wurden mit dem Pferdewagen, größere Waren per Schiff auf **Inn** und **Etsch** transportiert.

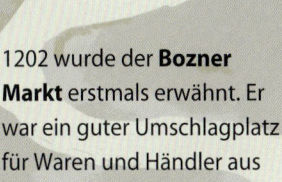

Schmiede, Wagner und Gastwirte kümmerten sich um die Reisenden, um die Pferde und die Kutschen.

Claudia de Medici war die Tochter einer der wichtigsten Familien Italiens, der Großfürsten De Medici der Toskana. 1632 übernahm sie als Landesfürstin die Herrschaft in Tirol. Sie sorgte für eine bessere Verteidigung des Landes, förderte Kunst und Kultur, erließ eine Verordnung für die **Bozner Messe** und baute das Handwerk in Tirol aus.

Claudia de Medici gründete 1635 den **Merkantilmagistrat** in Bozen. Er war für alle Angelegenheiten des Marktes während der Zeit der Bozner Messe zuständig. Gesprochen wurde in den zwei Sprachen deutsch und italienisch. Die Märkte blieben bis ins 19. Jh. erhalten.

Claudia de Medici

Tiroler Bauernkriege

Anfang des 15. Jh. lehnten sich Bauern zunehmend gegen die Macht der Bischöfe und der Fugger im Lande auf. Die Bauern setzten sich für mehr Menschenrechte ein und wehrten sich gegen Privilegien der Adeligen, gegen Missstände in der Verwaltung, bei Gericht, aber auch gegen zu hohe Steuern.

Als im Frühjahr 1525 die Bauernkriege im deutschsprachigen Raum ausbrachen, organisierten die Bauern des Eisack- und Pustertals geheime Treffen. Sie überfielen Häuser und Höfe ihrer Herren, legten Brände und raubten, was ihnen in die Hände fiel. Im Mai besetzten Bauern und Bürger die Bischofsstadt Brixen und plünderten das Kloster Neustift. Am Tor der **Brixner Hofburg** kann man heute noch die Einstichlöcher der Mistgabeln und Lanzen der Bauern sehen.

Michael Gaismair

Der wichtigste Anführer der Tiroler Bauernkriege war der Sterzinger Michael Gaismair. Er war Sohn eines Wegmachers und Bergbauunternehmers und zuletzt Sekretär des Fürstbischofs von Brixen. Er wurde von den Bauern zum **Obersten Feldhauptmann** gewählt, um für Bürger und Bauern mehr Rechte gegenüber dem Klerus und dem Adel zu erreichen.

Während sich im restlichen Tirol, im heutigen Südtirol und Welschtirol, die Gewalt ausbreitete, versuchte Gaismair zu verhandeln. Zwar versprach Erzherzog Ferdinand den Bauern mehr Rechte, doch brach er bald darauf seine Versprechen und nahm Gaismair gefangen. Michael Gaismair starb 1532 durch die Hand eines Mörders, im Auftrag des Landesfürsten.

Absolutismus & Aufklärung

Die habsburgischen Kaiser Österreichs

1665 - 1705
Kaiser Leopold I. war ein absolutistischer Kaiser

1705 - 1711
Kaiser Joseph I. war der Sohn von Kaiser Leopold I. aus dritter Ehe

1711 - 1740
Kaiser Karl VI. war der Bruder von Kaiser Joseph I.

1740 - 1780
Kaiserin Maria Theresia war die Tochter von Kaiser Karl VI. und aufgeklärte absolutistische Herrscherin

1765 - 1790
Kaiser Joseph II. war der Sohn von Kaiserin Maria Theresia und Franz Stephan I. und aufgeklärter Herrscher

1790 - 1792
Kaiser Leopold II. war der Bruder von Kaiser Joseph II.

1792 - 1806
Kaiser Franz II. war der Sohn von Kaiser Leopold II. und letzter Kaiser des Heiligen Römischen Reiches

> Wusstest du, dass Maria Theresia in jedem Dorf Tirols die Grundschule eingeführt hat?

Im **Absolutismus** hatte ein König oder Kaiser das alleinige Sagen in seinem Land, er herrschte ohne Mitbestimmung des Volkes. Ein absolutistischer Herrscher bestimmt allein über das Heer, die Kirche, die Justiz und die Wirtschaft.

In der **Aufklärung** befreiten sich die Menschen vom Druck der Herrschaft, indem sie sich selbst Wissen einholten und sich eine eigene Meinung bildeten. Der wichtigste Denker der Aufklärung war der Franzose Voltaire. Er setzte sich für religiöse Freiheit, Gleichheit und Gerechtigkeit unter den Menschen ein. Mit diesen Ideen bereitete er den Boden für die spätere Französische Revolution.

Kaiserin Maria Theresia

Kaiserin Maria Theresia war von 1740 bis 1780 Herrscherin über alle Länder der Habsburger. Sie war Erzherzogin von Österreich und Königin von Ungarn und Böhmen. Im Jahre 1774 führte sie die **Unterrichtspflicht** für sechs- bis zwölfjährige Kinder ein. Sie setzte wichtige Neuerungen in den Schulen, in den Gerichten, im Handel und in der Landwirtschaft durch.

Außerdem legte sie in ganz Tirol gleiche Maßeinheiten fest:
• **ein Klafter** war fortan genau 6 Fuß lang
• **eine Rute** war nun 10 Fuß lang
• **eine Meile** war 24.000 Fuß lang

Tiroler Klöster

In Tirol gab es einige große Klöster und Orden, darunter **Kloster Neustift**, **Abtei Marienberg**, **Stift Innichen**, das **Klarissenkloster Brixen** und **Stift Sonnenburg**. Im Mittelalter unterrichteten die Mönche in den Klöstern Lesen und Schreiben, aber auch Latein und Musik. Ordensschwestern pflegten in ihrem Kloster meist arme und kranke Menschen. Im Rahmen der Säkularisierung im 18. Jh. hob Kaiser Joseph II. einige dieser Klöster auf, andere beschlagnahmten die bayrischen Herrscher zu Beginn des 19. Jh.

Kaiser Joseph II.

Maria Theresias Nachfolger war ihr Sohn Kaiser Joseph II. Im Juli 1765 kam er nach **Bozen**, wo er am Musterplatz feierlich empfangen wurde. Kurz darauf starb sein Vater und er wurde Kaiser an der Seite seiner Mutter.

Der aufgeklärte Herrscher führte die **Neuerungen** seiner Mutter weiter fort:

• gesetzliche Einberufung von Soldaten für das Tiroler Land- und Feldregiment
• mehr religiöse Toleranz
• freie Ausübung von protestantischem und jüdischem Glauben

Gegen diese Neuerungen wehrten sich aber in Tirol die streng katholischen Landsleute.

Juni 1796

Herz Jesu-Feuer

Die **Jesuiten** hatten im 17. Jh. das **Fest um das brennende Herz Jesu** eingeführt.
Joseph II. schaffte einige Feiertage und Kirchenfeste, Wallfahrten und Prozessionen ab. Dagegen wehrten sich die streng katholischen Tiroler. Als Kaiser **Joseph II.** den Jesuitenorden aufhob, sahen die Tiroler ihr Brauchtum in Gefahr.
Im Juni 1796 gelobten die Tiroler Volksvertreter feierlich, den Gottesbund durch das Herz-Jesu-Feuer jährlich zu erneuern. Das sahen die Herren in Wien nicht gerne, doch die Tiroler hielten an ihrem volkstümlichen Brauchtum und an kirchlichen Feierlichkeiten weiter fest.

Kaiser Napoleon

Nach der Französischen Revolution krönte sich Napoleon Bonaparte 1804 zum ersten Kaiser Frankreichs.  Ein Jahr später wurde er **König von Italien.** 1796, einige Jahre zuvor, waren Napoleons Truppen in Italien eingefallen und von Süden nach Tirol gerückt. Männer aus verschiedenen Ständen formierten sich in Schützenkompanien, um das Land Tirol gegen die Franzosen zu verteidigen.

September 1796

Napoleons Truppen marschierten bis Trient und konnten erst bei der **Salurner Klause** von tausend Schützen aufgehalten werden.

Spinges

Pardell

Salurn

3. April 1797

Schlacht bei Pardell

1797 gelangten die französischen Truppen bis nach Klausen und Brixen. In **Pardell**, unterhalb von Latzfons, verteidigten wütende Frauen mit Steinen, Heugabeln und Sensen das Dorf **Latzfons** gegen die französischen Soldaten. Nach einem Feuergefecht zogen die Franzosen schließlich ab.

Katharina Lanz

Die Bauernmagd Katharina Lanz führte bei der Schlacht in Spinges die Schützen an.

2. April 1797

Die Schlacht von Spinges

Ebenso im April 1797 kam es bei **Mühlbach** zur Schlacht von Spinges, in welcher die Wipptaler und Innsbrucker Schützen gegen die französischen Feinde kämpften.
Als weitere Schützenkompanien und das österreichische Militär vom Burggrafenamt, dem Passeier und Vinschgau den Bauern und Bäuerinnen zu Hilfe kamen, zogen Napoleons Truppen durch das Pustertal ab.

Säkularisierung

Mit Säkularisierung meint man die Führung von Besitztümern durch den Kaiser, anstatt wie bisher durch die Bischöfe von Brixen, Trient und Chur.
1803 fielen die bis dahin unabhängigen kirchlichen Besitztümer an den Kaiser von Österreich. Damit war Tirol wieder eine **Einheit**, die Bewohner des Landes waren ein Volk unter einem einzigen Herrscher, dem Kaiser.

Freiheitskampf

19. Jahrhundert

Neun Jahre lang, von 1805 bis 1814, gehörte Tirol zu Bayern. Frankreich hatte Österreich besiegt. Nachdem Bayern mit Frankreich verbündet war, verlor Österreich Tirol an Bayern. Der bayerische König Maximilian I führte bald Neuerungen ein, die bei der Bevölkerung für Unmut sorgten: hohe Steuern, große Änderungen im Handel, die Wehrpflicht junger Tiroler im bayerischen Heer, das Verbot von religiösen Bräuchen und die Abschaffung des Namens Tirols.

In ihrer Not wandten sich die Tiroler an Erzherzog Johann, dem jüngsten Bruder von Kaiser Franz I. Er versprach den Tirolern Unterstützung gegen die bayerische Besetzung.

Tiroler Volksaufstand

1809 begann der Tiroler Bauernaufstand gegen die bayerische Herrschaft. Am 10. April erhob sich in Innsbruck der Landsturm unter der Führung von **Andreas Hofer.** Die Bauern eroberten Innsbruck und befreiten sich damit selbst von der bayerischen Militärmacht. Um Tirol wieder gemeinsam mit den Bayern zu besetzen, marschierte nun der Verbündete **Napoleon** von Bayern in Richtung Tirol. Die wichtigsten Kämpfe des Tiroler Landsturms gegen die bayerischen und französischen Soldaten fanden am **Bergisel** bei Innsbruck statt. In den drei Schlachten zwischen Mai und August siegten die Tiroler und befreiten Tirol damit erneut. Im November 1809 erfolgte die letzte aussichtslose Schlacht am Bergisel, der Bauernaufstand brach zusammen.

Andreas Hofer

Andreas Hofer war Wirt am Sandhof in **St. Leonhard in Passeier** und Anführer des Tiroler Freiheitskampfes. Als der Aufstand zusammenbrach, floh Hofer auf die Pfandler Alm im Passeier, doch er wurde verraten. Im Jänner 1810 wurde Hofer festgenommen und im Februar in Mantua erschossen.

Peter Mayr

Zugleich mit Hofer wurde auch Peter Mayr, Wirt an der Mahr in Brixen und Mitstreiter von Hofer, erschossen. Zuvor hatte seine Frau mit ihren fünf Kindern ausgehandelt, dass Peter Mayr mit einer Notlüge sein Leben retten konnte. Doch Mayr weigerte sich zu lügen und wurde hingerichtet.

Herrscher in Tirol

1805	1809
Tirol kommt zu Bayern, König von Bayern war Maximilian I. Joseph (1806-1825)	**Kaiser Franz I.** (1804-1835) und sein jüngster Bruder Erzherzog Johann unterstützten die Tiroler gegen die Bayern

Dreigeteiltes Land

Königreich Bayern

Illyrische Provinz

Königreich Italien

1809

Napoleon entschied 1809 die Dreiteilung des Landes. Welschtirol bis Bozen kam zum französischen Königreich, Italien, Tirol mit Meran, Brixen, Bruneck kam unter die Herrschaft des bayerischen Kronprinzen Ludwig und das Pustertal ab Innichen gehörte zu den französischen illyrischen Provinzen.

Das Gebiet des Königreichs Italien wurde **„Dipartimento Alto Adige/Hochetsch"** genannt, mit Trient als Hauptstadt.

Tirol wieder an Österreich

Habsburgerreich

1814

1813 verbündete sich Österreich mit Bayern und erlangte Tirol im Juni 1814 gegen Napoleon wieder zurück. Tirol war wieder mit dem Habsburgischen Österreich vereint.

Nach dem Wiener Kongress von 1815 erhielt Tirol wieder einen **Landtag**, in dem wie vorher alle vier Stände gleichermaßen vertreten waren. Doch gab es keinen Landeshauptmann als Vertreter des Landes mehr und auch sonst hatte der Landtag nicht viel zu entscheiden.

Revolution der Bürger

Im März 1848 brach in großen europäischen Städten wie Wien, München und Paris die sogenannte Märzrevolution aus. Freidenkende Bürger lehnten sich gegen Verfolgung und Unterdrückung von autoritären Herrschern wie Kaiser Ferdinand I. und Fürsten wie Metternich auf. Beide Herrscher legten in dieser Zeit ihre Ämter nieder, **Franz Joseph I.** kam an die Macht.

Kaiser Franz Josef I. und seine Frau Elisabeth

Kaiserin Elisabeth

Die Kaiserin von Österreich, meist Sissi genannt, liebte **Meran**. Gleich vier Mal wohnte die Kaiserin für längere Zeit in der Kurstadt und im Schloss Trauttmansdorff. Mit einem Hofstaat von über 100 Personen reiste die Kaiserin mit der Brennerbahn an. Ihr zu Ehren wurde in Meran im Jahre 1903 ein **Sissi-Denkmal** errichtet, das bis heute auf der Sommerpromenade zu sehen ist. Ein **Sissi-Weg** führt Interessierte auf die Spuren der österreichischen Kaiserin quer durch die Stadt.

Schwabenkinder

Im Vergleich zu den Bürgern der Städte war das Leben der Bergbauern sehr arm. So kam es nicht selten vor, dass Kinder zwischen 5 und 14 Jahren im Frühjahr **über die Alpen** zum Arbeiten gehen mussten. So verbrachten sie den Sommer bis Allerheiligen als Hirtenjungen, Mägde oder Knechte in **Schwaben**, weshalb diese Kinder auch Schwabenkinder genannt wurden.

Währung der Donaumonarchie

Unter dem Zeichen des Doppeladlers wurde 1867 unter Kaiser Franz Joseph I. die k.u.k. Doppelmonarchie Österreich-Ungarn geboren. Das Land war fortan in zwei Reichshälften geteilt: Österreich und Ungarn.

Währungen in Tirol und später Südtirol

um 1867	ab 1892	ab 1919	ab 2002
Thaler, Gulden und Kreuzer	Krone und Heller	Lira	Euro

Schon wieder Zeit, unsere Eltern zu verlassen und nach Schwaben zu gehen.

1810
Tirol wird dreigeteilt, König von Bayern ist Kronprinz Ludwig (1825-1848)

1814
Tirol wird Teil von Österreich, Kaiser ist Franz I. (1804-1835) und sein Außenminister ist Fürst Klemens Wenzel von Metternich (1809-1848)

1848
Tirol wird vom **Franz Joseph I., Kaiser von Österreich,** regiert. Er ist der Neffe von Kaiser Ferdinand I.

1867
Tirol wird Teil der kaiserlichköniglichen **Doppelmonarchie Österreich-Ungarn**

FREIHEITSKAMPF 27

Tourismus & Technik

Um 1800 entstanden die ersten Fabriken. Arbeiten wurden nicht mehr nur von Hand, sondern von Maschinen ausgeführt. Neue Technologien brachten Neuerungen auch für den Tourismus: Dampflokomotiven brachten Kurgäste und Reisende ins Land, Seilbahnen brachten Einheimische und Gäste in kurzer Zeit auf die Berge und flotte Automobile verkehrten auf Südtirols Dolomitenstraßen.

Fremdenverkehr

Mitte des 19. Jh. entstand ein neuer Wirtschaftszweig: der Fremdenverkehr. Während anfangs nur Engländer in die Alpen kamen, war der Alpentourismus bald in weiten Teilen Mitteleuropas beliebt.

Bahnverkehr

So lange brauchte ein Reisender von Bozen nach Innsbruck:

Pferdepostwagen
um 1850 - 15 Stunden

Dampflokomotive
ab 1867 - 7 Stunden

Eilzug
um 1900 - 3,5 Stunden

Schnellzug
heute - 2 Stunden

1871 wurde die Bahnstrecke ins Pustertal eingeweiht, 1881 die Strecke nach Meran und 1906 jene in den Vinschgau.

Automobilverkehr

Nach der Dampflok kam auch das Automobil nach Tirol. 1906 erwarb der erste Bozner ein eigenes Auto. Für das neue Fahrzeug wurden in Tälern und auf Pässen Straßen errichtet, wie etwa die **Dolomitenstraße**. Sie war 109 km lang und überquerte die Alpen von **Bozen** nach **Cortina d'Ampezzo.**

Emma Hellenstainer

Emerentiana Hellenstainer (1817-1904) war eine bedeutende Tiroler Hotelbesitzerin. Sie war nicht nur eine tüchtige Gastwirtin, sondern auch Mutter von acht Kindern. Schon als Kind half sie zu Hause als Kellnerin mit und lernte in Salzburg als Köchin. Mit zwanzig Jahren übernahm sie das Brauhaus in **Toblach**, später durch ihre Hochzeit mit Josef Hellenstainer den **Schwarzen Adler** in Niederdorf. Ein Hotelbetrieb, in dem Gäste aus aller Welt abstiegen und der bis heute als **Hotel Emma** bekannt ist.

*Die „Landesberufsschule Emma Hellenstainer" in **Brixen** trägt ebenso ihren Namen.*

Erste Banken

Die ersten Banken Südtirols wurden Mitte des 19. Jh. gegründet. Während die Sparkasse in erster Linie die Besitzer von Fabriken mit Geld versorgte, waren die **Raiffeisenkassen** vorwiegend für die Bauern und die breite Bevölkerung zuständig. Die erste Raiffeisenkasse wurde 1889 in Welschellen im Gadertal gegründet.

Das Giebelzeichen mit den zwei Pferdeköpfen ist das Symbol der Raiffeisenfamilie.

Dieses Zeichen steht seit Jahrhunderten für Gefahrenabwehr, Schutz und Sicherheit.

Erfinder aus Tirol

Der Schlosser **Johann Kravogl** (1823-1889) wurde in Lana geboren und hatte ein besonderes Interesse für Physik und Mathematik. 1844 machte er seine erste Erfindung: ein **Pressluftmobil**. Nach diesem Modell wurden die Lokomotiven für die Bergwerke gebaut. Weitere Erfindungen von Kravogl waren eine Quecksilberluftpumpe, ein Schnellfeuergewehr, eine elektrische Glocke und ein Elektromotor. Der Elektromotor wurde sogar in Paris ausgestellt.

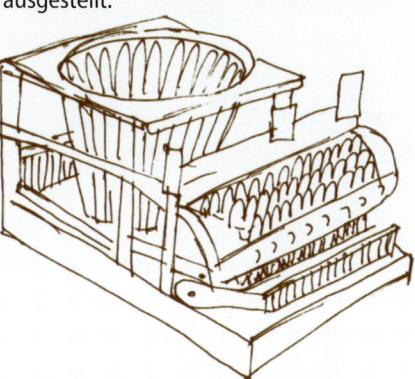

Der Tischler **Peter Mitterhofer** (1822-1893) erfand zwischen 1864 und 1869 die **erste Schreibmaschine.** Sein erstes Modell war aus Holz. Zu Fuß marschierte Mitterhofer damit nach Wien, der Kaiser kaufte die Schreibmaschine und stellte sie in Wien aus.

Ein weiterer wichtiger Zeitgenosse des 19. Jh. war **Max Valier** (1895-1930). Er war Astronom, Physiker und Schriftsteller. Seine Versuche in der **Raketentechnik** waren die Voraussetzung für die Erfindung des Düsenflugzeuges, das im 2. Weltkrieg erstmals eingesetzt wurde.

Alpenverein

Um die Fremden auf die Berge zu begleiten, wurde 1869 der Deutsche Alpenverein gegründet, der sich 1873 mit dem Österreichischen Alpenverein zusammenschloss. Gemeinsam legten sie Wege an und bauten Hütten.

Was für eine wunderbare Aussicht wir von hier oben haben!

*Die erste Seilbahn war jene von **Bozen** auf den Kohlerer Berg.*

Seilbahnen

Um die Touristen in die Berge zu bringen, wurden Anfang des 20. Jh. Standseilbahnen auf die **Mendel,** auf den **Ritten** und auf den **Virgl** gebaut.

Bäder und Kurorte

Nicht nur die gesunde Höhenluft, auch die mineralreichen Bäder lockten Touristen ins Land. Die bekanntesten Heilquellen und Badegasthäuser mit Schwefel- und Eisenbädern waren:
• **Bad Ratzes** bei Kastelruth
• **Bad Schalders** bei Brixen
• **Bad Maistatt** bei Niederdorf
• **Brennerbad** am Brenner
• **Bad Siess** am Ritten.

Beliebt war auch das milde Klima von **Meran**. Die Kurstadt brachte wichtige Persönlichkeiten aus dem In- und Ausland nach Tirol. Vor dem Ersten Weltkrieg verbrachten rund 40.000 Kurgäste die Saison von September bis Mai in Meran.

Vor dem Ersten Weltkrieg gab es an die 80 Bäder in Südtirol.

Rund um den

Im Sommer 1914 brach in Europa der Erste Weltkrieg aus. Etwa vierzig Staaten waren direkt oder indirekt am Krieg beteiligt. Die Konfliktpartner waren die Mittelmächte gegen die Alliierten. Die Alliierten versprachen König Vittorio Emanuele III. im Falle eines Beitritts das südliche Tirol. Also trat Italien am 23. Mai 1915 an der Seite der Alliierten dem Krieg bei.

Tiroler Kaiserjäger

Die Kaiserjäger waren Teil der königlich-kaiserlichen Armee, in der junge Männer zwischen 37 und 42 Jahren als Soldaten dienten.

Im Krieg Italien gegen Österreich-Ungarn kämpften **Tiroler Standschützen und Tiroler Kaiserjäger** an den Grenzen gegen die italienischen Truppen. Standsoldaten gab es nur mehr wenige, da bereits alle dienstpflichtigen Männer als Tiroler Kaiserjäger an der Front waren.

1915

ÖSTERREICH

Innsbruck

SCHWEIZ

Reschen

Meran · Brixen · *Kriegsfront 1915*

Ortlergruppe · Dolomiten

Bozen

Die höchste Stellung von Geschützen war am Ortler auf 3.850 m Höhe.

Am Col di Lana starben 8.000 Menschen.

Trient · Feltre

Gardasee · *Kriegsfront 1917*

ITALIEN · Treviso

Gebirgskrieg

In den drei Jahren Gebirgskrieg wehrten die österreichischen Soldaten die Italiener anfangs erfolgreich ab, bis sich im Herbst 1917 die Lage in den Alpen zugunsten Österreichs änderte.

1917

Kriegsverlauf

Die Lebensmittel wurden knapper, die Männer waren an der **Front** und die Arbeit in Stadt und Land wurde hauptsächlich von Frauen und Kindern bewältigt. Nach drei Jahren Krieg waren die Menschen vom Kampf erschöpft und außerdem litten sie Hunger. Zugleich änderte sich die politische Lage in Wien. Kaiser Karl I. erlaubte seinen Völkern, eigene Regierungen zu bilden. Damit zerbrach das große Reich Österreich-Ungarn.

1918

Ende des Krieges

Italiens Truppen hatten ein leichtes Spiel, die bisher von Österreich hart verteidigte Südfront des Landes zu erobern. Im November 1918 erfolgte die **Friedenserklärung** und im selben Monat erreichten erste italienische Truppen den Vinschgau, Meran und Bozen. Das war das Ende des Ersten Weltkrieges.

Friedensvertrag von Saint Germain

1919

Friedensvertrag

Knapp ein Jahr später, im September 1919, wurde der Friedensvertrag von Saint Germain unterschrieben.

Staaten im 1. Weltkrieg

Mittelmächte: Deutschland, Österreich-Ungarn, Türkei.

Alliierte: Frankreich, Vereinigtes Königreich, Irland, Russland, Italien, Serbien, Belgien, Portugal.

Neutrale Staaten: Spanien, Schweiz, Schweden, Norwegen, Niederlande, Albanien.

1. Weltkrieg

Südtirol zu Italien

1920

Im Oktober 1920 wurde der südliche Teil Tirols, also Südtirol, Teil des Königreiches Italien. 240.000 Menschen deutscher und ladinischer Muttersprache wurden von einem Tag auf den anderen italienische Staatsbürger.

ÖSTERREICH

ITALIEN

Blutsonntag

1921

Im April 1921 überfielen Faschisten einen Trachtenumzug in Bozen. Etwa vierzig Südtiroler erlitten Verletzungen, der Lehrer **Franz Innerhofer** aus Marling wurde erschossen. Er hatte versucht, am Hauseingang des Bozner Ansitzes Stillendorf einen Jungen vor den Knüppeln der Angreifer zu schützen. Der Tag ging als Blutsonntag in die Geschichte ein.

Marsch auf Bozen

1922

Im Oktober 1922 erfolgte der Marsch auf Bozen: Faschisten besetzten die **Kaiserin-Elisabeth-Schule** in Bozen (heute Schule Dante Alighieri). Den deutschsprachigen Schülern wurde der Zutritt verweigert, das Lehrpersonal verjagt und die Schule für etwa ein Dutzend italienische Schüler eingerichtet.

Auch der Bozner Bürgermeister **Julius Perathoner** wurde im selben Monat abgesetzt, die demokratische Gemeindeverwaltung durch faschistische Gremien ersetzt.

Italianische Namen

1923

Im Juli 1923 verkündete der faschistische Politiker **Ettore Tolomei** in Bozen ein 32-Punkte-Programm zur schrittweisen Italianisierung Südtirols. Deutsche Namen verschwanden, stattdessen wurden italienische Namen eingeführt. Auch der Name Tirol wurde ausgelöscht, Südtirol hieß fortan nur mehr „**Alto Adige**". Auch deutsche Symbole und Inschriften auf Gräbern wurden verboten.

Rabensteiner = Pietracorvo
Neuhauser = Casanova
Staudacher = Staudaccheri
Niederkofler = Nicovolo

Die Tiroler Bürgermeister wurden entlassen und durch faschistische Amtsbürgermeister **(podestà)** ersetzt. Die deutschsprachigen Südtiroler wurden aus dem öffentlichen Leben, aus Politik, Wirtschaft und Kultur verdrängt.

Mein Vater sagt, ich heiße ab heute Alessandro Finco statt Alex Fink.

Schreibe ich mich nun Marie Gruber oder Maria Dalla Fossa?

Italienische Zuwanderung

In den 30er Jahren wurden italienische Familien in Bozen angesiedelt. Sie kamen vorwiegend aus dem Norden Italiens, aus den Provinzen Padua und Venedig und arbeiteten als Beamte im Land oder als Arbeiter in Industriebetrieben oder Elektrizitätswerken. In Südtirol stieg die Zahl der Italiener von anfänglichen 7.000 auf 81.000.

Katakomben-schulen

Während der faschistischen Herrschaft wurde der Deutschunterricht verboten und Italienisch zur Amts- und Gerichtssprache erhoben.

In Geheimschulen, sogenannten Katakombenschulen, erteilten Lehrerinnen wie **Angela Nikoletti** in Kurtatsch den verbotenen deutschen Unterricht. Das bezahlte sie 1940 mit dem Leben.

2. Weltkrieg 1939 - 1945

Vom Zweiten Weltkrieg waren über 60 Staaten auf der ganzen Welt betroffen, über 110 Millionen Menschen waren weltweit bewaffnet. Italien kämpfte ab Juni 1940 an der Seite Hitlers. In Europa waren die Hauptsieger des Krieges die Alliierten, Sowjetunion, USA und Großbritannien. Sie besiegten den Dreimächtepakt Deutsches Reich, Kaiserreich Japan und Königreich Italien.

Faschismus

1939

Der Faschismus war eine politische gewalttätige Bewegung in Italien unter der Herrschaft von **Benito Mussolini.** 1922 ergriff Mussolini die Macht in Italien. 1939 verbündete sich **Hitler** mit Mussolini und handelte mit ihm im Juni 1939 ein **Umsiedlungsabkommen** für Südtirol aus. Die Deutschtiroler und Ladiner sollten von „Alto Adige" ins Deutsche Reich ausgesiedelt werden.

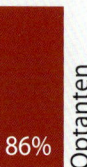

☐ Dableiber
✗ Optant

Die Option

1939

In der sogenannten Option wurden die Südtirolerinnen vor die Wahl gestellt: die italienische Staatsbürgerschaft behalten (Dableiber) oder die deutsche Reichsangehörigkeit erwerben und nach Deutschland abwandern (Optanten). Bis 31. Dezember 1939 musste sich jede Südtiroler Familie entscheiden.

Im September 1939 entschieden sich etwa 86% der Südtirolerinnen für die Auswanderung.

86% Optanten
14% Dableiber

Mit der Umsiedelung wurde im Frühjahr 1940 begonnen. In den darauf folgenden 1,5 Jahren verließen 70.000 Menschen das Land. Ein Drittel davon kam nach 1945 wieder zurück.

Du Alex, hörst du die Sirenen? Wann hören die Bombenangriffe endlich auf?

Beginn 2. Weltkrieg

1939

Am 1. September 1939 wurde Polen unter der Führung von Adolf Hitler angegriffen. Damit begann der 2. Weltkrieg. **10.000 Südtiroler Soldaten** zogen zwischen 1939 und 1943 für Hitler und Mussolini als Gebirgsjäger oder in der Gebirgsdivision in den Krieg. Sie kämpften auch an der Ostfront gegen Polen oder Sowjetunion, an der Westfront gegen Frankreich.

Operationszone Alpenvorland

1943

Mussolini wurde im Juli 1943 gestürzt. Zwei Monate später rückten Truppen der deutschen Wehrmacht in Südtirol ein. Die Diktatur Mussolinis wurde durch den **Nationalsozialismus Hitlers** ersetzt. Die Provinzen Bozen, Trient und Belluno wurden als Operationszone Alpenvor- land zusammengefasst. In den Gemeinden wurden einheimische Bürgermeister eingesetzt. Ab Oktober 1943 gab es wieder deutsche Schulen, die Schulen für die italienischsprachige Bevölkerung blieben weiter bestehen.

1943

Opfer der SS

Vor dem Zweiten Welt-
krieg lebten in **Meran** 500
Menschen jüdischer Her-
kunft. Im September 1943
waren es nur mehr 50, die
Hälfte davon wurde von
Hitlers Schutzstaffel (SS)
verhaftet und in **Konzen-
trationslager** gebracht.
Hitlers Soldaten töteten
nicht nur Juden, sondern
auch rund 350 psychisch
Kranke und geistig Be-
hinderte. In der **Bozner
Reschenstraße** gab es ein
Polizeilager, wo Gegner
der Regierung gefangen
gehalten wurden.

Bombenangriffe

1943

Die ersten Bomben der Alliierten
auf die **Brennerbahn** fielen im September 1943. Die Eisenbahn war ein beliebtes
Angriffsziel, denn ohne Züge hatten die
deutschen Truppen keinen Nachschub an
Nahrung und Waffen mehr.
Im Dezember 1943 fielen wieder Bomben
auf den **Bahnhof Bozen**, es starben dabei
45 Menschen.

Kriegsende

1945

Am 2. Mai 1945 beendeten ame-
rikanische Truppen den Krieg. Sie
marschierten über den Brenner und
bildeten in Südtirol vorübergehend
eine Regierung. Den Italienern wurde die Verwaltung übertragen.

1944

Im Februar 1944
wurden **Gossensass,
Sterzing und Brixen, Auer,
Bozen** und **Franzensfeste**
bombardiert. Die Brennerstre-
cke konnte vorübergehend
nicht befahren werden.

1945

Die letzten Bomben-
angriffe erfolgten im
Jahre 1945 auf **Bozen**. Die
Hauptstadt wurde insgesamt
dreizehnmal bombardiert.

1946

Pariser Vertrag

Südtirol blieb nach dem
Krieg zwar bei Italien, doch
unterschrieben die Außenminister
von Österreich und Italien im
September 1946 den Pariser Vertrag.

Er regelte den Schutz
der deutschsprachigen
Menschen innerhalb der
italienischen Region
Trentino-Alto Adige.

Unterzeichnet wurde der Vertrag
vom italienischen Ministerpräsidenten
Alcide De Gasperi und dem österreichischen
Außenminister **Karl Gruber.**

Staaten im 2. Weltkrieg

Achsenmächte:
Deutsches Reich,
Italien und Japan.

Alliierte: Polen,
Großbritannien, Frankreich,
USA, Russland, Norwegen,
Belgien, Luxemburg,
Niederlande und Italien.

Neutrale Staaten: Dänemark, Schweden,
Schweiz, Spanien, Irland, Liechtenstein.

Internationaler Frauentag

Der erste internationale Frauentag
wurde im März 1911 abgehalten. Die
Frauen in Südtirol wünschten sich ein
freies und geheimes Wahlrecht, mit
dem sie den Männern in politischen
Fragen gleichgestellt waren. Das **Wahlrecht für Frauen** wurde in Italien 1945
eingeführt, in Südtirol wählten 1948
erstmals Männer und Frauen.

Südtiroler Volkspartei

Im Mai 1945 wurde unter der Initiative
des Kaufmannes **Erich Amonn** die
Südtiroler Volkspartei (SVP) gegründet.
Sie war die Sammelpartei der
deutschen und ladinischen
Südtiroler.

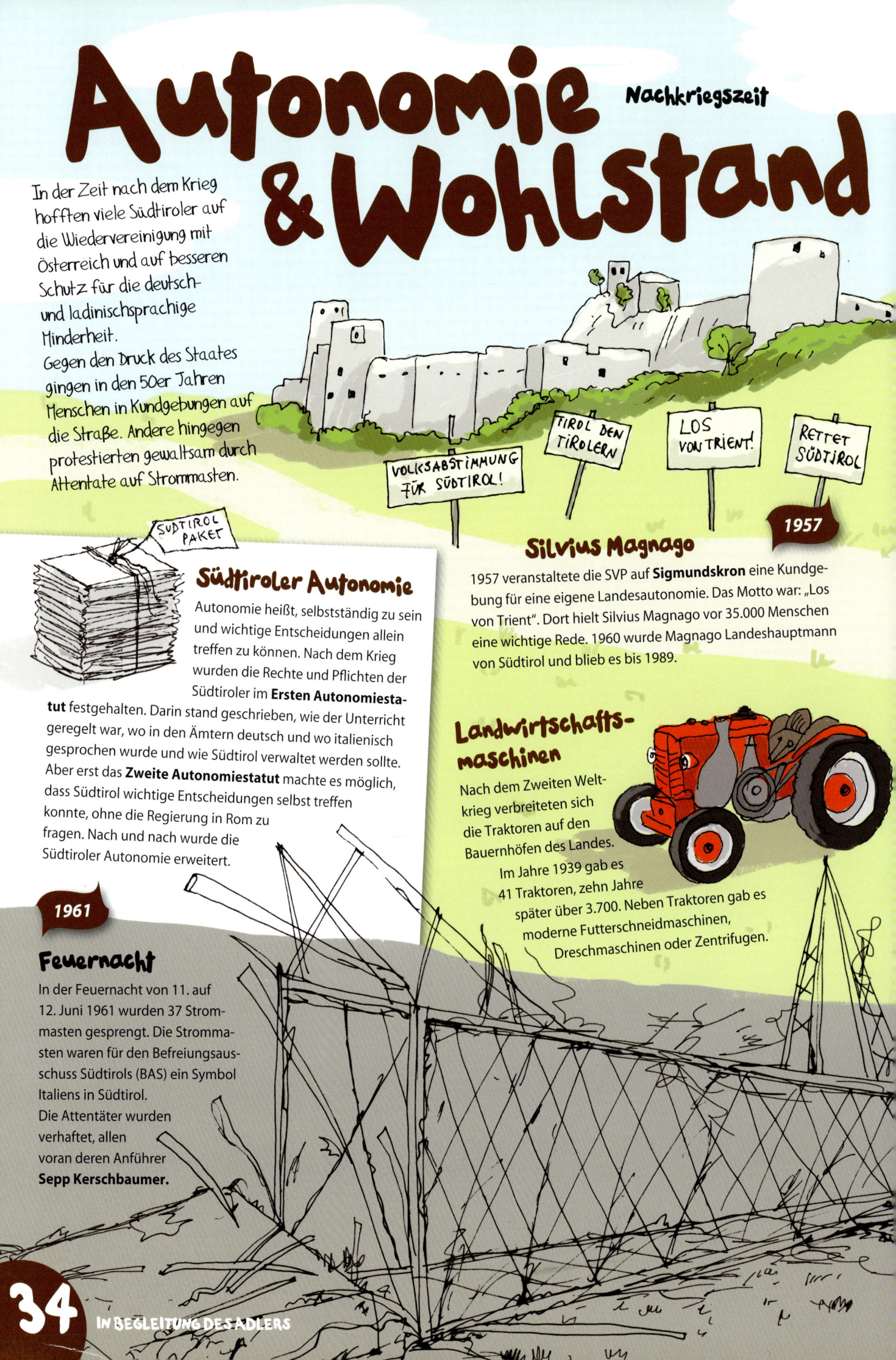

Autonomie & Wohlstand

In der Zeit nach dem Krieg hofften viele Südtiroler auf die Wiedervereinigung mit Österreich und auf besseren Schutz für die deutsch- und ladinischsprachige Minderheit.

Gegen den Druck des Staates gingen in den 50er Jahren Menschen in Kundgebungen auf die Straße. Andere hingegen protestierten gewaltsam durch Attentate auf Strommasten.

Plakate: VOLKSABSTIMMUNG FÜR SÜDTIROL! · TIROL DEN TIROLERN · LOS VON TRIENT! · RETTET SÜDTIROL · 1957

SÜDTIROL PAKET

Südtiroler Autonomie

Autonomie heißt, selbstständig zu sein und wichtige Entscheidungen allein treffen zu können. Nach dem Krieg wurden die Rechte und Pflichten der Südtiroler im **Ersten Autonomiestatut** festgehalten. Darin stand geschrieben, wie der Unterricht geregelt war, wo in den Ämtern deutsch und wo italienisch gesprochen wurde und wie Südtirol verwaltet werden sollte. Aber erst das **Zweite Autonomiestatut** machte es möglich, dass Südtirol wichtige Entscheidungen selbst treffen konnte, ohne die Regierung in Rom zu fragen. Nach und nach wurde die Südtiroler Autonomie erweitert.

Silvius Magnago

1957 veranstaltete die SVP auf **Sigmundskron** eine Kundgebung für eine eigene Landesautonomie. Das Motto war: „Los von Trient". Dort hielt Silvius Magnago vor 35.000 Menschen eine wichtige Rede. 1960 wurde Magnago Landeshauptmann von Südtirol und blieb es bis 1989.

Landwirtschaftsmaschinen

Nach dem Zweiten Weltkrieg verbreiteten sich die Traktoren auf den Bauernhöfen des Landes. Im Jahre 1939 gab es 41 Traktoren, zehn Jahre später über 3.700. Neben Traktoren gab es moderne Futterschneidmaschinen, Dreschmaschinen oder Zentrifugen.

1961

Feuernacht

In der Feuernacht von 11. auf 12. Juni 1961 wurden 37 Strommasten gesprengt. Die Strommasten waren für den Befreiungsausschuss Südtirols (BAS) ein Symbol Italiens in Südtirol. Die Attentäter wurden verhaftet, allen voran deren Anführer **Sepp Kerschbaumer**.

Auf geht's ans Meer … oder doch lieber in die Berge?

Auto und Küche

Eine Familie in den 50er Jahren war wohlhabend, wenn sie sich ein Auto, eine Küche auf Maß, eine Waschmaschine, einen Fernseher und einen kleinen Urlaub am Meer leisten konnte.

Musik und Tanz

Den ersten Plattenspieler gab es 1952 in **Latzfons**, in derselben Zeit verbreitete sich rasch auch das Radio. Viele junge Leute hörten neben Volksmusik und Schlager auch Rock'n Roll von Elvis Presley. In den 60er Jahren folgte die Musik von Twist und Beat der Beatles und Rolling Stones.

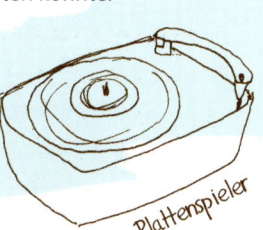

Plattenspieler

Radio

Radio und Fernsehen

Die ersten deutschsprachigen Nachrichten wurden 1945 von der Rai ausgestrahlt, die erste Radiosendung 1960 vom Rai Sender Bozen gesendet. Die erste Fernsehsendung folgte sechs Jahre später.

Fernseher

Autobahnverkehr

Die wichtigste Autobahn zwischen Norden und Süden ist die **Brennerautobahn**. Sie führt von Innsbruck über den Brennerpass bis nach Modena und wurde in den 60er Jahren gebaut. Eine Autobahn mitten durch das Gebirge zu bauen war nicht so einfach, dazu mussten viele Autobahnbrücken errichtet werden. Die bekannteste ist die **Europabrücke** mit 190 Metern Höhe.

Tageszeitungen

Die **Dolomiten** ist die älteste Tageszeitung Südtirols und die erste deutschsprachige Tageszeitung Italiens. Sie erschien 1882 zuerst unter dem Namen **Der Tiroler**, in der Zeit des Faschismus hieß sie **Der Landmann** und 1945 erhielt die Zeitung ihren heutigen Namen.

Wenige Tage, nachdem die **Dolomiten** erschienen war, kam auch eine italienische Tageszeitung heraus, **Alto Adige.**

Drei Jahre später wurde im **Mailänder Prozess** für 91 Angeklagte das Urteil gefällt. Einige wurden freigesprochen, andere erhielten Strafen bis zu vier Jahren, einige blieben in Haft. Die letzten Häftlinge kamen 1969 frei.

NORDTIROL

SÜDTIROL

TRIENT

Südtirol, Tirol und das Trentino

Südtirol, Tirol und das Trentino bezogen 1995 als **Europaregion Tirol** ein gemeinsames Büro in Brüssel. 2009 wurde das gemeinsame Büro in Bozen eröffnet.

Die drei Landesregierungen von Tirol, Südtirol und dem Trentino erklärten, in Zukunft stärker zusammen arbeiten zu wollen.

Leben in Stadt und Land

Toll, was die Menschen in all den Jahren geschaffen haben!

Vom Leben in der Stadt und auf dem Land erzählen uns Bilder und Geschichten seit Jahrtausenden. Die ältesten Geschichten sind die zahlreichen Sagen und Märchen des Landes.

Aus dem Orient brachten die Römer die ersten Kunstwerke ins Land. Adelige und Ritter bauten hierzulande die ersten Burgen, von denen einige später zu Schlössern umgebaut wurden, während andere heute als Museum besichtigt werden können.

Südtirols Bevölkerung lebt in einer der 8 Städte oder in einer der 116 Gemeinden des Landes. Die Menschen unterhalten sich in deutscher, italienischer oder ladinischer Sprache. Wenn die Leute nicht gerade ihrer Arbeit in der Stadt oder auf dem Land nachgehen, sind sie künstlerisch oder sportlich aktiv. Mehr dazu erfährst du in diesem Kapitel über das Leben in Stadt und Land.

Bozen größte Stadt
Seite 38

42.3 % Menschen Leben in der Stadt
Seite 42

Kultur in der Stadt
Seite 50

36

Sagen & Märchen

57,7 % Menschen
leben im Dorf

Burgen & Schösser

Arbeiten
auf dem Land

Freizeit im Dorf

Kunst & Kirche

116 Gemeinden

Arbeiten
in der Stadt

120 Museen

Städte Südtirols

Südtirol hat 8 Städte. Bozen, Meran, Brixen, Bruneck, Sterzing, Klausen und Glurns sind historische Städte, Leifers ist eine junge Stadt. Die Städte liegen verteilt auf der gesamten Provinz und sind mit den Verkehrsmitteln gut erreichbar. Jede Stadt hat eine eigene Stadtverwaltung und ein Rathaus. In Städten leben mehr Einwohner pro Quadratmeter als auf dem Land, sie sind dichter besiedelt als die Dörfer.

Typisch für Glurns sind die Stadtmauern, die mitsamt der Türme noch vollständig erhalten sind.

8. Glurns

Glurns ist die **kleinste Stadt** Südtirols, denn sie hat nur an die 900 Einwohner.

*Glurns ist Markt seit 1291, Stadt wurde sie im Jahre 1309. Damit ist sie nicht nur die kleinste, sondern auch **älteste Stadt** Südtirols.*

Glurns ist die einzige Stadt im Vinschgau. Sie liegt an der römischen Via Claudia Augusta. Der Name der Stadt stammt aus dem Rätoromanischen und bedeutet Hasel- oder Erlenau.

Märkte

Die Städte Südtirols entstanden alle entlang der wichtigsten Straßen des Landes. Sie waren ursprünglich Märkte, in denen **Wochen-** oder **Jahrmärkte** abgehalten wurden. Erst im Mittelalter wurden aus den Märkten Städte, als sie mit **Stadtrechten** ausgestattet wurden. In den Städten wohnten einst vorwiegend Händler, Handwerker und Gewerbetreibende.

Stadtrecht können heute nur Gemeinden mit mindestens 10.000 Einwohnern beantragen.

Stadt-verwaltung

Die Stadtverwaltung ist für die Verwaltung der öffentlichen Aufgaben zuständig. Solche öffentlichen Aufgaben sind Ordnung und Sicherheit, Schule und Kultur, Jugend und Soziales, Bauten und Straßen, Verkehr und Umwelt. Der **Bürgermeister** leitet die Stadtverwaltung mit Hilfe des **Stadtrates** und der Assessoren.

Neue Pfarrkirche von Leifers

Was gibt es Schöneres als ein frisches Eis!

4. Leifers

Die **jüngste** der acht Städte ist Leifers mit etwa 17.000 Einwohnern. Sie wurde 1985 zur Stadt erhoben. Leifers liegt im Südtiroler Unterland, etwa 10 km südlich von Bozen. Ihre Fraktionen sind Seit, Steinmannwald und St. Jakob.

Zur Zeit der Römer gab es in Leifers bereits eine Siedlung und in germanischer Zeit trafen dort Franken und Langobarden in einer Schlacht aufeinander.

Sehenswert ist die Kapelle **Peterköfele** am nahe gelegenen Regglberg und die neue Pfarrkirche im Stadtzentrum von Leifers.

1. Bozen

Bozen ist die **Landeshauptstadt** von Südtirol. Sie hat mehr als 104.000 Einwohner und ist die größte Stadt des Landes. Die Landeshauptstadt liegt in einem Talkessel, wo Etschtal, Eisacktal und Südtiroler Unterland aufeinandertreffen.

Pons Drusi war 15 v. Chr. eine römische Poststation, 680 eine Siedlung namens Pauzanum. Seit 1286 ist Bozen Stadt.

Bozen ist auf den ersten Blick am Dom Maria Himmelfahrt, dem **Waltherplatz** mit der Statue von Walther von der Vogelweide und den typischen Bozner **Lauben** zu erkennen.

Statue von Walther von der Vogelweide in Bozen

6. Sterzing

Sterzing liegt im südlichen Wipptal und zählt über 6.000 Einwohner. Sie ist die **nördlichste Stadt Italiens**. Mit ihren 948 m Meereshöhe gehört sie zu den höchst gelegenen Städten im Alpenraum.

Die Siedlung Vipitenum wurde bereits 14 v. Chr. von den Römern gegründet. Graf Meinhard II. erhob die Siedlung zur Stadt und die Fugger machten sie im 15. Jh. zu einer bedeutenden Handelsstadt.

Über Sterzing führen wichtige **Pässe:** der Brennerpass, der Jaufenpass und das Penser Joch.

Zwölferturm in Sterzing

5. Bruneck

Mitten im **Herzen des Pustertals** liegt die Stadt Bruneck, dort wo der Fluss Ahr in die Rienz mündet. Sie hat über 15.000 Einwohner und liegt am Fuße von Schloss Bruneck.

Gegründet wurde Bruneck im Jahre 1256, 2006 feierte die Stadt sein 750jähriges Bestehen. Bruneck wurde vermutlich nach dem Schlossherrn Fürstbischof Bruno benannt. Die Stadt lag einst an wichtigen Handelsrouten von Venedig nach Augsburg oder von Lienz nach Innsbruck.

Sehenswert sind die Brunecker **Stadtmauern**, die **vier Stadttore** und das Messner Mountain Museum im **Schloss Bruneck**.

Stadttor in Bruneck

3. Brixen

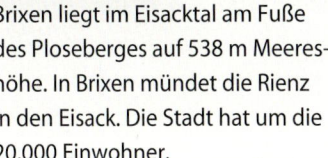

Brixen liegt im Eisacktal am Fuße des Ploseberges auf 538 m Meereshöhe. In Brixen mündet die Rienz in den Eisack. Die Stadt hat um die 20.000 Einwohner.

Brixen wurde erstmals namentlich als „Prishna" im Jahre 901 erwähnt. Stufels war aber bereits seit der Steinzeit besiedelt. Bekannt wurde die Stadt als Sitz der Bischöfe. Von der Hofburg aus haben die Fürstbischöfe von 1027 bis 1803 das Land regiert. Im Sommer 2008 hielt sich Papst Benedikt XVI. in Brixen auf.

Brixen erkennt man am barocken **Dom** und dem **Domplatz**, dem **Kreuzgang** und der **Hofburg**. Auch der 72 m hohe **Weiße Turm** gehört zu den Wahrzeichen von Brixen.

Brixner Dom

7. Klausen

Neben Brixen gibt es eine zweite Stadt im Eisacktal: Klausen. Die Stadt hat an die 5.000 Einwohner und liegt am Fuße des Säbener Berges unter dem **Kloster Säben.**

In Klausen lag in vorchristlicher Zeit eine rätische, später eine germanische Siedlung. Im 6. Jh. wurde das Kloster zum Sitz des ersten Bischofs in Tirol.

Der Name Klausen geht auf die Klause (geschlossenes Tal) zurück, die 1027 erstmals als „chiusa sub Sabione sita" erwähnt wurde.

Pfarrkirche von Klausen

2. Meran

Kurhaus in Meran

Die zweitgrößte Stadt Südtirols ist Meran. In Meran wohnen mehr als 37.000 Menschen. Die Stadt liegt an der Schnittstelle von Passeier, Vinschgau und Etschtal und machte sich als **Kurstadt** einen Namen.

Meran war in der Kaiserzeit eine römische Siedlung, im 13. Jh. wurde Meran zur Stadt erhoben, im Mittelalter (bis 1420) war sie die Landeshauptstadt der Grafschaft Tirol. Im Freiheitskampf von 1809 besiegten die Tiroler oberhalb von Meran (am Küchelberg) die Franzosen und Bayern und im 19. Jh. wurde die Stadt zu einem bekannten Kurort.

Typisch für Meran ist bis heute die Tappeinerpromenade oberhalb der Stadt, die **Kurpromenade** entlang der Passer, mit dem schmucken **Kurhaus** und dem **Meraner Stadttheater**.

Gemeinden Südtirols

Südtirol hat 116 Gemeinden, von A wie Abtei bis W wie Wolkenstein. Gemeinden sind öffentliche Betriebe mit jeweils einem eigenen Rathaus und Gemeindeämtern. Gemeinden erstrecken sich über ein größeres Gebiet. Es gibt Stadtgemeinden und Marktgemeinden, alle Gemeinden sind Mitglieder im Gemeindenverband.

Gemeinde

Eine Gemeinde ist der Zusammenschluss mehrerer Dörfer.

Dorf

Ein Dorf besteht meist aus einer Siedlung, aus Straßen und Häusern. In der Mitte des Dorfes steht eine Kirche.

Marktgemeinde

Es gibt Gemeinden mit Stadtrecht, dann werden sie Städte genannt. Und es gibt Gemeinden mit **Marktrecht**, dann werden sie Marktgemeinden genannt. Marktgemeinden sind Orte, in denen aufgrund ihrer besonderen geografischen Lage Märkte abgehalten wurden. Die ältesten Marktgemeinden Südtirols sind Schlanders, Latsch und Gossensass.

Gemeindeverwaltung

Jede Gemeinde hat einen eigenen **Bürgermeister, Assessoren** und **Gemeinderäte.** Der Sitz der Gemeinde ist im Rathaus, meist sind dort auch die Ämter der Gemeinde untergebracht. Gleich wie die Stadtverwaltung ist die Gemeindeverwaltung für alle öffentlichen Aufgaben der Gemeinde zuständig. Diese Aufgaben teilen sich die Assessoren und besprechen sie gemeinsam im **Gemeinderat.**

Taufers im Münstertal westlichste Gemeinde

Lana

Südlich von Meran im Burggrafenamt liegt die Gemeinde Lana. Lana ist die siebtgrößte Gemeinde Südtirols und ist für den Anbau von Obst bekannt.

Allein im Gebiet rund um Lana wachsen 10 % aller Südtiroler Äpfel.

Dorfmeister

Die ersten Gemeinden wurden im Mittelalter von Bauern gegründet. Um gemeinsame Anliegen zu regeln, haben sich die Bauern im Dorf zusammengeschlossen und aus ihren Reihen einen Dorfmeister gewählt. Dieser Dorfmeister blieb ein Jahr im Amt, im darauffolgenden Jahr wurde ein neuer Vertreter gewählt.

19 Gemeinden Südtirols haben über 5.000 Einwohner:

1. Stadtgemeinde Bozen
2. Stadtgemeinde Meran
3. Stadtgemeinde Brixen
4. Stadtgemeinde Leifers
5. Stadtgemeinde Bruneck
6. Eppan
7. Marktgemeinde Lana
8. Marktgemeinde Kaltern
9. Ritten
10. Sarntal
11. Kastelruth
12. Stadtgemeinde Sterzing
13. Marktgemeinde Schlanders
14. Ahrntal
15. Naturns
16. Marktgemeinde Sand in Taufers
17. Marktgemeinde Latsch
18. Stadtgemeinde Klausen
19. Marktgemeinde Mals

Die **größte Gemeinde Südtirols** ist Bozen mit über 100.000 Einwohnern.

Die **kleinste Gemeinde Südtirols** ist Waidbruck im Eisacktal mit 200 Einwohnern.

Kaltern

Direkt an der Weinstraße liegt die Marktgemeinde Kaltern. In **St. Josef am See** liegt der gleichnamige Kalterer See. Rund um Kaltern erstreckt sich ein weites **Weingebiet** mit 4.250 Hektar Reben.

Die Südtiroler Weinstraße ist eine der ältesten Weinstraßen Italiens. Sie beginnt in Nals und führt über Bozen durch das Überetsch und Unterland bis nach Salurn.

Schlanders

Der Hauptort im Vinschgau ist Schlanders. Entlang dem Schlanderser Sonnenberg führen nicht nur Spuren von Jägern und Sammlerinnen aus der Steinzeit, sondern auch die Via Claudia Augusta aus der Römerzeit und zahlreiche Waalwege.

Es heißt, Schlanders hat neben St. Pauls, Tramin und Terlan den höchsten Kirchturm.

Sarntal

Flächenmäßig die **größte Gemeinde** Südtirols ist Sarntal. Sie umfasst 302,5 km² und besteht aus 28 Ortschaften. Die wichtigste Ortschaft im Sarntal ist Sarnthein. Typisch für Sarntal sind nicht nur die vielen Bräuche, sondern auch Handwerkskünste wie Federkielstickerei, Sarnar Topar oder die Herstellung von Loden.

Das Sarntal ist auf drei Wegen erreichbar: von Bozen über die Sarner Schlucht, von Sterzing über das Penser Joch und vom Ritten über Wangen.

Pfitsch
nördlichste Gemeinde

Sand in Taufers

Die Gemeinde Sand in Taufers liegt im Tauferer Ahrntal und besteht aus zwei Teilen: Tauferer Boden und Tauferer Reintal. Durch das Gemeindegebiet fließt der **Reinbach**, der bekannt ist für drei spektakuläre Wasserfälle. Er mündet bei Sand in Taufers in die Ahr.

Kastelruth

Im Herzen des Schlerngebietes liegt die Gemeinde Kastelruth. Auch die **Seiser Alm** gehört zur Gemeinde Kastelruth. In dieser Gemeinde finden jährlich der Oswald von Wolkenstein Ritt und das Kastelruther Spatzenfest statt.

Innichen
östlichste Gemeinde

Kastelruth hat seinen Namen von „Castelruptum" und bedeutet „zerstörte Burg". Damit ist wohl die einstige rätische Wallburg auf dem Kofel (Schlossberg) gemeint.

Salurn
südlichste Gemeinde

Eppan

Die Gemeinde Eppan im Überetsch ist nach den fünf Stadtgemeinden die größte Gemeinde. Im Gemeindegebiet von Eppan liegen die beiden **Montiggler Seen.**

Seinen Namen hat Eppan von den Grafen von Eppan, die im Mittelalter gegen die Grafen von Tirol um die Herrschaft im Lande kämpften.

Ritten

Die Gemeinde Ritten liegt auf 1.000 – 1.200 m Meereshöhe oberhalb von Bozen. Das Gebiet der Gemeinde Ritten umfasst 111 km² und besteht aus 17 Ortschaften. Die Menschen in Ritten leben von der Landwirtschaft, vom Tourismus und vom Handwerk.

Über den Ritten führte einst die bekannte Kaiserstraße, über die 60 Kaiser zur Krönung nach Rom zogen.

Das historische „Rittner Bahnl" gibt es seit 1907, als Zahnradbahn von Bozen auf den Ritten. Heute verkehrt die Schmalspurbahn zwischen Klobenstein und Oberbozen.

Was für eine frische Abkühlung!

Stadtleben

Alex lebt mit seinen Eltern in einer Wohnung in Bozen. Sein bester Freund Abdul wohnt nebenan, er kommt aus Pakistan. Im oberen Stock wohnt eine ältere Frau allein mit ihrem Hund.

Kurz vor 8 Uhr beginnt bei Alex die Schule. Seine Lieblingsfächer sind Mathematik und Naturkunde. Wenn Alex grad nicht Nachmittagsunterricht hat, trifft er sich am liebsten mit seinen Freunden oder spielt Fußball.

Am Abend, wenn seine Eltern nach Hause kommen, macht Alex mit seinem Vater Hausaufgaben, während Alex' Mutter das Abendessen zubereitet. Vor dem Schlafengehen noch ein kurzes Abendgebet, das braucht Alex unbedingt!

Stadtwohnung

42,3 % aller Südtirolerinnen und Südtiroler leben in den Städten. Am meisten Wohnungen gibt es deshalb in Bozen und Umgebung, gefolgt von Meran und dem Burggrafenamt. Am wenigsten bebaut ist Sterzing im Wipptal.

Insgesamt gibt es in Südtirol knapp **200.000 Wohnungen** für etwa 500.000 Personen.

Haushalt

Ein Haushalt ist eine **Gemeinschaft** von Menschen, die zusammen wohnen und denselben Wohnsitz haben. In Südtirol leben in einem Haushalt durchschnittlich 2,4 Personen zusammen. Das können sein:

Vater, Mutter und Kind

eine Mutter oder Vater mit ihren Kindern

Wohngemeinschaft von Studenten

Junge oder ältere Menschen, die alleine leben

Haustiere

Jedes Kind wünscht sich ein Haustier. Einfacher zu halten ist ein Tier auf dem Land, da es dort mehr Auslaufmöglichkeiten hat. Trotzdem ist die **Katze** das meistverbreitete Haustier in Südtirol. Familien in der Stadt halten eher **Fische**, während Hunde und Katzen stärker auf dem Land verbreitet sind.

Religionen

Die meisten Südtirolerinnen und Südtiroler bezeichnen sich selbst als **Christen**. Der Großteil der Christen gehört der **christlich-katholischen** Kirche und ein kleiner Teil der **evangelischen** Glaubensgemeinschaft an.

Von den in Südtirol lebenden **Ausländern** sind mehr als die Hälfte Christen.

Ein Drittel der Ausländer sind Moslems.

Ein kleiner Teil sind Atheisten, Hindus, Buddhisten oder Juden.

Schulen

Insgesamt gibt es in Südtirol **362 Schulen:**

267 Grundschulen

57 Mittelschulen

27 Oberschulen

11 Berufsschulen

Mit 6 Jahren beginnt für jedes Kind die Pflichtschule.
Die erste Schulstufe ist die Grundschule, die 5 Jahre dauert. An die 20.000 Schülerinnen und Schüler besuchen derzeit die Grundschule und ca. 11.500 die dreijährige Mittelschule. Anschließend kann jede/r wählen zwischen fünfjähriger Oberschule oder Berufsschule. Im Jahre 2013/2014 haben 13.382 Jugendliche die Oberschule und 8.071 die Berufsschule besucht.

Die **Grund- und Mittelschulen** verteilen sich auf Stadt und Land gleichermaßen, während sich die **Ober- und Berufsschulen** auf die Städte konzentrieren.

Montessorischulen sind Schulen, die nach der Lehre der Maria Montessori arbeiten. 1993 gab es die erste Montessorischule in Brixen. Es folgten Montessorischulen in Bozen, Meran, Bruneck und Schlanders.

Ob ich all meine Schulfreunde heute wieder treffe?

Sprache

In Südtirol leben Menschen mit deutscher, italienischer, ladinischer oder einer ausländischen Muttersprache. Deutsch, Italienisch und Ladinisch werden in den öffentlichen Ämtern gesprochen, wobei Ladinisch nur in den ladinischen Tälern Amtssprache ist.

In Südtirol müssen sich alle Menschen einer Sprachgruppe zugehörig erklären.

„Guten Tag!"

„Buon giorno!"

„Bun dé!"

69,15 % deutschsprachig

26,47 % italienischsprachig

4,37 % ladinischsprachig

(Sprachgruppenzählung 2012)

Landleben

Marie lebt mit ihrer Familie auf einem Bauernhof. Ihre Freundinnen trifft Marie meistens in der Schule, denn ihre beste Freundin wohnt einige Kilometer von ihr entfernt. Am liebsten mag Marie den Nachhauseweg. Da bleibt viel Zeit zum Plaudern und Spielen. Mit auf dem Hof lebt auch die Großmutter, mit der Marie am liebsten die Hühner füttert.

Wie alle Kinder des Dorfes geht Marie zur Schule. In ihrer Freizeit besucht Marie die Musikschule oder verbringt die Zeit zu Hause oder hilft ihren Eltern bei der Arbeit. Am Sonntag besucht Marie mit ihren Eltern die Messe. Den Pfarrer dort kennt sie gut, er hat sie schließlich getauft und ihr die erste Kommunion gegeben.

Familie

In Gemeinden mit weniger als 5.000 Einwohnern leben noch 2,7 Familienmitglieder in einem Haushalt zusammen, in den Städten Bozen und Meran nur mehr 2,1 Personen.

Du bist beinahe ein kleiner Osterhase!

Bienen

Ziegen

Schweine

Schafe

Hühnerarten

Vogelarten, die als Haustiere am Hof gehalten werden, nennt man **Geflügel**.

Gänse

Bauernhof

Von allen in Südtirol lebenden Menschen wohnen 57,7 % auf dem Land. In Südtirol gibt es über 20.000 landwirtschaftliche Betriebe, sprich Bauernhöfe, wobei sich die meisten (etwa 4.000) in Überetsch-Unterland und die wenigsten in Bozen (etwa 500) befinden.

An die 1.600 Bauernhöfe bieten Gästen **Urlaub auf dem Bauernhof** an und auf knapp 10.000 Betrieben werden Tiere gehalten.

Hühner

Truthühner (Puten)

Enten

Ein Bauer in Toblach hält eine alte Hühnerart, die vom Aussterben bedroht ist: die Sulmtaler Hühner. Sie legen zwischen 150 und 200 Eier im Jahr.

In Südtirol gibt es etwa 100 Höfe, deren Hühner ausschließlich **Eier** legen. Zwei Drittel haben zwischen 500 und 1.000 Legehennen, ein Drittel dieser Höfe halten weniger als 250 Hennen.

Rinder

In Südtirol gibt es etwa 130.000 Rinder. Zu diesen gehören Kälber, Kühe, Stiere und Ochsen.

*Ein **Kalb** ist ein Jungtier bis zum siebten Monat, vom achten bis zum zwölften Monat heißt es Jungrind.*

*Ist ein Kalb weiblich und geschlechtsreif, wird es als **Kuh** bezeichnet.*

*Das männliche Kalb hingegen wird zum **Stier**.*

*Wird der Stier am Hof als Arbeitstier genutzt, ist er kastriert und wird als **Ochse** bezeichnet.*

Dialekte

Auf dem Land wird in erster Linie Dialekt gesprochen. In Südtirol gibt es über **40 verschiedene Dialekte**, die von Tal zu Tal verschieden sind. Typische Dialekte sind Pustrerisch, Vinschgerisch, Sarnerisch oder Unterlandlerisch.

Typisch für den Vinschgau ist das **„sui"** für „sie" und das **„onni"** für „hinüber". Die Unterlandler dehnen gerne die Vokale, sie sagen **„kejmen"** statt kommen oder **„nejmen"** statt nehmen.

Die Mutter heißt im Pustertal **„Muito"**, und im Sarntal **„Muatr"**.

Zwergschulen

In Südtirol gibt es 17 Zwergschulen, in denen **weniger als 15 Schüler** unterrichtet werden. Die Schulen mit den wenigsten SchülerInnen waren 2010 Obertall bei Schenna, Mühlbach bei Gais und Tanas bei Laas. In den Zwergschulen wird Abteilungsunterricht gemacht, das heißt, es werden verschiedene Klassen gemeinsam unterrichtet.

Herkunft

Die heimischen Rinder stammen ursprünglich aus Anatolien und dem Nahen Osten. Sie werden seit dem 9. Jt. v. Chr. in Europa als Haustiere gehalten. Unter den Rindern gibt es viele verschiedene Rassen.

In Südtirol ist das Grauvieh am weitesten verbreitet.

Es folgen die Pinzgauer Rinder, die rotbraun und weiß gefleckt sind...

...und die schwarzweiß gefleckten Holstein-Rinder.

Schafarten

Ein Schaf verbringt die Zeit von Frühjahr bis Herbst auf den Wiesen und Weiden, am liebsten mit den anderen Schafen in der Herde. Weltweit gibt es 800 verschiedene Schafarten.

Südtiroler Schafarten...

 das Tiroler Bergschaf

 das Schwarznasen-Schaf

 das Villnösser Brillenschaf

 das Juraschaf

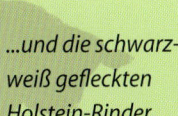 das Tiroler Steinschaf

 das schwarzbraune Bergschaf

 das Suffolk-Schaf

Von den Schafen gewinnen die Bauern und Bäuerinnen wertvolle **Wolle**. Dafür werden die Schafe geschert, die Wolle wird gewaschen und getrocknet, gezupft und gekämmt und zuletzt gesponnen. Die Haut des Schafes wird hingegen zu **Leder** verarbeitet, das **Fleisch** gerne gegessen und aus der **Milch** wird Schafskäse (Pecorino), Joghurt, Kefir oder Quark hergestellt.

Haflinger

Haflinger sind Gebirgspferde, die als **Reitpferde** oder auch als Arbeitspferde sehr beliebt sind. Aufgrund ihrer Gutmütigkeit werden sie gerne auch für therapeutisches Reiten oder für Reitkurse eingesetzt.

Die typische Farbe eines Haflingers ist Fuchsfarbe.

Ihren Ursprung haben die Haflinger im Vinschgau, wo 1874 der Stammvater aller Haflinger, der Hengst „Folie 249", geboren wurde. Benannt wurden sie allerdings nach dem Ort Hafling am Tschögglberg.

Noriker

Die Noriker stammen auch aus Südtirol und haben ihren Namen von der römischen Provinz Noricum. Ein Noriker ist mittelschwer, kräftig und sehr ausdauernd. Deshalb eignet er sich sehr gut als **Sportpferd**, als Reitpferd, aber auch zum Ziehen von Kutschen.

Diese Pferderasse gehört zu den ältesten in Europa.

Wirtschaft nennt man das, was der Mensch zum Unterhalt seines Lebens braucht. Dazu gehören arbeitende Menschen, Geld, Gebäude und Arbeitsgeräte. Wirtschaftszweige hingegen sind die Unterteilungen der Wirtschaft in verschiedene Bereiche. In Südtirol gibt es drei wichtige Wirtschaftszweige: Dienstleistung, Produzierendes Gewerbe und Landwirtschaft.

Wirtschaft

Jeder Wirtschaftszweig hat verschiedene **Berufsgruppen.** Beim Bau eines Hauses etwa beginnen die Architekten mit der Planung (Dienstleister). Das Haus bauen dann die Handwerker (produzierende Berufe). Die täglichen Arbeiten im Haus wie Kochen, Waschen, Bügeln und Putzen werden von Hausfrauen gemacht. Für die Tiere und Pflanzen rund um das Haus sorgen schließlich die Landwirte.

Berufe in der öffentlichen Verwaltung

In der öffentlichen Verwaltung arbeiten all jene Menschen, die für das öffentliche Leben zuständig sind.

Büroangestellte

Direktorin und Direktoren

Kindergärtnerin und Kindergärtner

Lehrerin und Lehrer, Professorin und Professor

Dienstleistung

Wie das Wort sagt, bieten Dienstleistungsunternehmen besondere Dienste für Menschen an. Allein der Handels- und Dienstleistungsverband Südtirols etwa zählt über 3.500 Mitgliedsbetriebe und 22.000 Menschen, die **besondere Dienste** anbieten.

Private Dienstleistungsberufe

In der Dienstleistung steht der zahlende Kunde im Vordergrund.

Bankbeamte

Steuer- und Wirtschaftsberater

Versicherungsagenten

Rechtsanwältin und Rechtsanwalt

Psychologin und Psychologe

Privatärztin und Arzt

Beraterin und Berater

Ingenieurin und Ingenieur

Architektin und Architekt

Berufe im Tourismus

Im Tourismus stehen die Gäste im Mittelpunkt.

Zimmermädchen und Putzpersonal

Kellnerin und Kellner

Baristin und Barist

RECEPTION

Köchin und Koch

Portierin und Portier

Handel

Im Handel arbeiten VerkäuferInnen und Kassiere, sowohl in kleineren Schuhgeschäften als auch in großen Lebensmittelgeschäften.

Sie bedienen Tag für Tag mit eigenen oder angekauften Produkten ihre Kundinnen und Kunden.

Zur öffentlichen Verwaltung gehört auch das **Gesundheitswesen.**

Hebamme und Ärzte

Krankenpflegerin und Krankenpfleger

Apothekerin und Apotheker

Polizistin und Polizist

Produzierendes Gewerbe

Wer hingegen konkrete Produkte, Waren oder Gebäude herstellt, fällt in das produzierende Gewerbe. Darunter fallen alle **Handwerks- und Industriebetriebe**, aber auch das Bauwesen.

Schau mal, wie unsere Stadt wächst!

Berufe in der Industrie

In der Industrie von Südtirol gibt es an die 500 Firmen. Sie beschäftigen an die 33.000 Mitarbeiter.

Industriebetriebe stellen unter anderem Folgendes her:

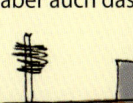

Drucksachen · Holzartikel · Metallartikel · Computerartikel · Klima- oder Solartechnologien · Transportunternehmen

Handwerkliche Berufe

In Südtirol gibt es an die 13.000 Handwerksbetriebe mit 80 verschiedenen Handwerksberufen.

Handwerkliche Berufe in Zusammenhang mit Bekleidung:

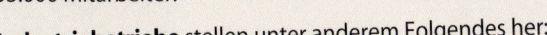

Kürschner · Schneider · Schuhmacher · Strickerin · Stickerin und Weberin

Kunsthandwerker:

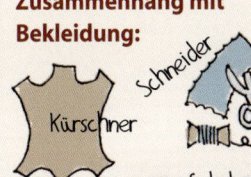

Holzschnitzer und Bildhauer

Körperpflege:

Masseure · Friseure

Herstellung Nahrungsmittel:

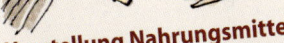

Bäckerin und Bäcker · Konditorin und Konditor · Metzgerin und Metzger

Als Handwerker zählen auch:

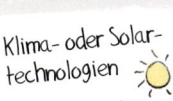

Floristin und Florist · Grafikerin und Grafiker · Fotografin und Fotograf

Berufe in der Bauwirtschaft

Zur Bauwirtschaft gehören in erster Linie Bauunternehmen und ihre Mitarbeiter, sie bauen:

Häuser · Straßen · Brücken · Tunnels · Kanalisationen · Kläranlagen · Alarmanlagen · Aufzüge

Berufe im Bauwesen sind: Spengler, Polier, Bautechniker oder Tiefbauer.

Superlative der Dienstleister

514 Straßenwärter

1.206 Kindergärtnerinnen

öffentlichen Verwaltung

8.747 Lehrpersonen *(davon sind 75% Frauen und 25% Männer)*

Sanitätsbetrieb

491 Ärzte

2.411 Krankenpflegerinnen

Zu den Handwerksberufen am Bau gehören:

Bodenleger · Dachdecker · Fliesenleger · Maler · Maurer · Hafner · Tapezierer · Zimmerer

Arbeiten

Der wichtigste Wirtschaftszweig auf dem Land ist neben dem Handwerk die Landwirtschaft, die Forstwirtschaft und die Hauswirtschaft. Unter Landwirtschaft versteht man das Arbeiten auf dem Land, eng verbunden mit Natur, Tier und Pflanze. Forstwirtschaft sind die Arbeiten in Wald und Hauswirtschaft die Arbeiten im Haus.

Berufe in der Hauswirtschaft

Im Haushalt fallen viele Arbeiten an, die manchmal gar nicht so recht gesehen werden.

Törggelestuben

In Südtirol gibt es eine Vielzahl an Schankbetrieben. Diese Betriebe servieren **hauseigene Produkte** wie Wein oder Speck. Besonders beliebt unter den Schankbetrieben sind die Törggelestuben. Sie schenken im Herbst den neuen Wein auf und servieren das klassische Törggele-Menü.

Fahrzeugtechnik

Tag und Nacht sind Menschen mit Autos, Motorrädern oder Traktoren unterwegs. Sie werden von Fahrradmechanikern, Karosseriebauern oder **Kraftfahrzeugtechnikern** repariert.

Milchwirtschaft

5.000 Südtiroler Bäuerinnen und Bauern gewinnen von ihren Kühen jährlich 370 Millionen Liter Milch. Daraus werden neben Frischmilch auch Käse, Mozzarella, Joghurt, Butter, Sahne und Topfen hergestellt.

Für heute ist das wohl die letzte Fuhre...

Urlaub auf dem Bauernhof

Die Bauernhöfe mit Urlaub auf dem Bauernhof ermöglichen Gästen, direkt auf einem Bauernhof zu wohnen und Urlaub zu machen. Die Hausgäste bekommen einen Eindruck von den vielfältigen Arbeiten am bäuerlichen Hof, etwa wie die Milch auf den Frühstückstisch kommt, wie Brot gebacken wird, wie Marmeladen hergestellt oder wie Kräuter verarbeitet werden.

Berufe in der Landwirtschaft

Der am meisten verbreitete Beruf in der Landwirtschaft ist jener des **Bauern und der Bäuerin.** Sie leiten gemeinsam den Bauernhof mit Haus, Hof und Garten. Ist ein Bauernhof sehr groß, braucht es eigene Betriebsleiterinnen oder Betriebsleiter.

Im **Etsch- und Eisacktal** werden in erster Linie **Äpfel und Wein** angebaut...

...im **Pustertal, Wipptal** und in den anderen **Seitentälern** hingegen steht die **Milch- und Viehwirtschaft** an erster Stelle.

In den Gärtnereien hingegen arbeiten Gärtnerinnen und Gärtner.

auf dem Land

Für die Tiere am Hof werden zusätzlich Tierärzte und Tierzüchterinnen, aber auch Tierpfleger und Hirten gebraucht.

Sennerin

Almwirtschaft

Ein großer Teil von Südtirols Flächen sind Almen. Sie machen 34 % des Landes aus. Das meiste sind **Hochalmen**, die über der Waldgrenze liegen. Sie werden von den Hirten, den Sennerinnen und den Almmeistern bewirtschaftet.

Bauernhandwerk

Wenn im Herbst die Arbeiten auf dem Feld zu Ende gehen, beginnt die Arbeit im Haus. Es wird gestrickt, gestickt und gehäkelt, gewebt und gesponnen, geschnitzt und gedrechselt, gegerbt und geflochten. Das **Rohmaterial** stammt aus dem Wald oder von den Schafen oder Ziegen am Bauernhof.

Schalen und Teller

Spielzeug

Schmuck und Schatullen aus Holz

Körbe und Taschen aus Ruten und Zweigen

Kruzifixe oder Marienstatuen aus Holz

Patschen, Hüte, Rucksäcke aus Lodenstoff

Jacken und Pullover aus Wolle

gehäkelte Tischdecken aus Garn

Ein Senn ist ein Hirte, der auf der Alm das Vieh von anderen Bauern hütet und die Milch zu Käse oder Butter verarbeitet.

Landwirtschaftliche Produkte

Typische Produkte, die auf dem Bauernhof hergestellt werden:

Kuhmilch, Ziegenmilch, Schafsmilch

MILCH

Eier

Kräuter und Gemüse aus dem Garten

Äpfel, Trauben, Nüsse, Kastanien, Zwetschgen und Kirschen aus dem Obstgarten

Kartoffeln oder Getreide vom Acker

Diese Produkte werden Rohstoffe genannt, denn sie sind natürlich und können direkt gegessen oder getrunken werden.

Daneben gibt es weitere Produkte, die vor Ort oder in eigenen Betrieben verarbeitet werden:

Marmelade, Honig, Käse und Butter

Wein, Schnäpse und Edelbrände

Fruchtsäfte

Sahne

Speck

Wurst

Berufe in der Forstwirtschaft

Die Forstwirtschaft ist für alle Arbeiten im Wald verantwortlich. In Südtirol sorgen 8 Forstinspektorate mit 38 Forststationen für etwa 330.000 Hektar Wald. Die gesamte Fläche Südtirols besteht zu 45 % aus Wald.

Die praktischen Arbeiten im Wald werden von Förstern und Försterinnen, von Forstinspektoren und Forstinspektorinnen, aber auch von Holz- und Waldarbeitern gemacht.

Umweltwirtschaft

Die Natur wissenschaftlich betrachten Astronomen, Biologen, Chemiker, Geografen, Geologen, Kunststofftechniker, Labortechniker, Mathematiker, Biomediziner, Lebensmitteltechnologen, Meteorologen, Physiker oder Werkstoffprüfer.

Südtiroler Qualitätsprodukte

Südtiroler Qualitätsprodukte werden jene Produkte aus Südtirol genannt, die unter **besonderen Bedingungen** oder nach **typischen Südtiroler Rezepten** hergestellt werden. Deren Anbau wird besonders kontrolliert, um die Qualität zu garantieren.

Zu den Südtiroler Qualitätsprodukten gehören in erster Linie **Apfel, Speck** und **Wein,** weiters **Milch** und **Milchprodukte, Brot** und **Strudel, Grappa** und **Apfelsaft, Honig, Beeren** und **Steinobst, Gemüsesorten** und **Kräuter,** aber auch **Rindfleisch.**

Wenn Marie Alex in der Stadt besucht, sehen sie sich gemeinsam im Theater ein Kinderstück an oder werden in der Kunstwerkstatt des Museions selbst kreativ. Doch am liebsten nimmt Alex Marie mit ins Kino, wo es Filme in 3D zu sehen gibt.
In den Städten gibt es eine Vielzahl an kulturellen Einrichtungen wie Museen, Konzerthäuser, Kinosäle oder Theater.

Kultur in der

Kulturhaus

In den Städten gibt es eine Reihe von Kulturhäusern, die verschiedene kulturelle **Veranstaltungen** anbieten:

Kulturhaus „Walther von der Vogelweide" (Waltherhaus) in Bozen

„Kurhaus Meran" in Meran

„Forum Brixen" in Brixen

„Kulturhaus" in Leifers

„Kulturhaus Albrecht Dürer" in Klausen

„Stadttheater Sterzing" in Sterzing

„Haus Michael Pacher" in Bruneck

Vereinshaus von Glurns

Theater

Theater sind Einrichtungen mit einer Bühne und einem Zuschauerraum, in denen Theater gespielt wird. In Südtirol wird Theater einerseits in den **Kulturhäusern**, andererseits in eigenen **Stadttheatern** gespielt.

Stadttheater

Ein Stadttheater bietet ein kontinuierliches Jahresprogramm an. Ein solches Stadttheater ist das **Stadttheater Bozen.** Darin bieten die Vereinigten Bühnen Bozen, das Teatro Stabile und die Stiftung Stadttheater ihr Programm an.
Weitere Städtetheater sind das Kleinkunsttheater Carambolage Bozen, das Theater in der Altstadt Meran, die Gruppe Dekadenz in Brixen und das Stadttheater Bruneck in Bruneck.

Kindertheater

Das ganze Jahr über Kindertheater gibt es im **Theater im Hof** in Bozen zu sehen. Das Theatraki in Bozen und das Theaterpädagogische Zentrum in Brixen hingegen bieten Theater in Schulen und Theaterwerkstätten für Kinder und Jugendliche an.

Derzeit gibt es in Südtirol über 300 aktive Künstlerinnen und Künstler aus drei Generationen.

Ausstellungen

Ausstellungsorte sind so unterschiedlich wie die Gegenstände, die ausgestellt werden. Ausstellungen finden in öffentlichen Kunsthäusern und historischen Gebäuden, Schlössern, Archeoparks oder Naturparkhäusern statt.

Kinderatelier

Ein Atelier ist eine Kunstwerkstatt. Dort wird gemalt, experimentiert, gedruckt und getöpfert. So eine kreative Werkstatt ist das **kunst.werk** in Brixen, die Kunst und Kreativität von Kindern fördert.

Ich bin richtig stolz auf mein buntes Kunstwerk!

Illustrationen

Während Kunstmalereien gut für sich alleine stehen, ergänzen und erklären Illustrationen einen Text. Die ersten Illustrationen waren kunstvolle Initialen im Mittelalter, später Zeichnungen in Kinderbüchern oder Bilderbüchern.

Paul Flora

Der bekannteste Illustrator Südtirols ist Paul Flora. Er wurde 1922 in Glurns im Vinschgau geboren, mit sieben Jahren übersiedelte er nach Nordtirol. Die wohl bekanntesten Motive sind die **schwarzen Raben** in Strichtechnik. Paul Flora starb 2009 in Innsbruck und wurde in Glurns begraben.

Stadt

Jugendzentren

Treffen können sich Jugendliche in Jugendzentren wie dem Bozner Papperlapapp und in Jugendtreffs wie Joy in Auer. Übernachten können Jugendliche, die von außerhalb des Landes nach Südtirol kommen, in Jugendherbergen wie z.B. dem Jukas in Brixen.

Konzerthaus

In einem Konzerthaus werden Konzerte aufgeführt. Diese Häuser sind technisch so eingerichtet, dass die Akustik der Säle besonders gut ist. Eigene Konzerthäuser sind das Auditorium Joseph Haydn in Bozen, das Kurhaus Meran und das Stadttheater Puccini in Meran. Größere Konzerte werden auch in der Stadthalle Bozen veranstaltet.

Jugend

Jugendliche sind angehende Erwachsene zwischen 13 und 21 Jahren. Es gibt eine Vielzahl an Jugendgruppen in Südtirol, etwa im Alpenverein, bei der Freiwilligen Feuerwehr, der Bauernjugend oder der Katholischen Jugend. Die meisten Jugendlichen sind im Südtiroler Jugendring organisiert. In ihrer Arbeit werden Jugendliche vielfach von Jugenddiensten unterstützt und begleitet.

Medien

Massenmedien, kurz Medien genannt, sind:

gedruckte Kommunikationsmittel wie Zeitung

elektronische Kommunikationsmittel wie Radio

und digitale Kommunikationsmittel wie Internet

Als Neue Medien werden in erster Linie digitale Medien bezeichnet.

Computer

In Südtirol wird zur Nutzung von Neuen Medien ein Computer oder ein Mobiltelefon verwendet. In erster Linie werden damit Emails verschickt, Informationen gesucht, Zeitungen gelesen, aber auch Chatrooms und soziale Netzwerke besucht.

Über einen PC werden Bankgeschäfte abgewickelt, Reisen oder Unterkünfte gebucht, Spiele, Filme oder Musik heruntergeladen, Telefonate geführt oder Videos angeschaut, Nachrichten gepostet oder auch Webradio gehört.

Komponist

Einer der ersten Komponisten Südtirols ist **Leonhard Lechner.** Er wurde 1553 in Südtirol geboren, den genauen Ort kennt man nicht. Er begann als Sängerknabe am bayrischen Hof in Landshut und wurde in Nürnberg mit ersten Kompositionen bekannt. Als Tenorist, Hofkomponist und Hofkapellmeister beim Herzog Ludwig von Württemberg in Stuttgart blieb er bis zu seinem Tod im Jahre 1606.

Kino

In einem Kino werden Filme vorgeführt. Die ersten Filme waren ohne Ton, sogenannte Stummfilme. Erst später kam die Tonspur dazu. In der weiteren Entwicklung wurden Filme digitalisiert und digital auf die Leinwand projiziert. 3D-Filme bieten durch die realistischen Bilder ein besonderes Erlebnis.

Das derzeit **größte** Kino ist das Cineplex in Bozen, das **älteste** der Filmclub Bozen im Capitol Kino.

Der Filmclub zeigt Filme auch in Brixen, Bruneck, Meran, Neumarkt, Schlanders und Sterzing. In Bruneck gibt es außerdem das Odeon Cinecenter, in Brixen das Stella Kino.

Kirchenmusiker

Vinzenz Goller wurde 1873 in St. Andrä bei Brixen geboren. Sein Vater war Mesner und Organist, er selbst wurde **Komponist und Kirchenmusiker.** Er begann als Sänger im Kirchenchor St. Andrä, später im Augustiner-Chorherrenstift Neustift. Er studierte Musik in Innsbruck, Regensburg und Wien und leitete die Abteilung Katholische Kirchenmusik an der Wiener Musikakademie. Goller schuf zahlreiche Kompositionen für Messen.

Freizeit im Dorf

Das Freizeitangebot in den Dörfern ist beinahe ebenso reichhaltig wie jenes in der Stadt. In jeder größeren Ortschaft gibt es mindestens eine Bibliothek und ein Kulturhaus. Auch Musik und Theater haben in Südtirol Tradition. Gesungen wurde in früherer Zeit in erster Linie mit Freunden in den Stuben und im Chor in der Kirche, später auch in öffentlichen Konzerten. Aus den anfänglichen Sängerknaben oder Musikern wurden Komponisten, aus Schauspielern oder Musicaldarstellern manchmal Regisseure.

Vereinsleben

Wer gerne Sport betreibt, Theater spielt, sich für die Umwelt oder einen guten Zweck einsetzt, schreibt sich in einen der vielen Vereine Südtirols ein. Wer einem Verein beitritt, wird Mitglied und zahlt einen Beitrag. Im Verein selbst arbeiten Menschen meist **ehrenamtlich** mit.

Volkstanz

Wer gerne tanzt, kann Mitglied in einer der **52 Südtiroler Volkstanzgruppen** werden. Über 1.000 Tänzerinnen und Tänzer proben in ihrem Dorf volkstümliche Tänze und führen ihr Können in öffentlichen Veranstaltungen auf.

Musikkapellen

Wer kennt sie nicht, die Südtiroler Musikkapellen in Tracht und mit den für Musikkapellen typischen Blasinstrumenten in der Hand? Über **200 Musikkapellen** gibt es in Südtirol mit knapp **10.000 Musikantinnen und Musikanten**. Nicht zu vergessen sind die Jugendkapellen, wie etwa jene von Albeins, Gröden, Teis, Gratsch oder Brixen.

Ziel ist es, mit Knüpfen, Fatschen, Hufen, Stirnen oder Kreuzwurf seinen Gegner zu Fall zu bringen.

Ranggeln

In St. Martin in Passeier werden Burschen im Alter von 6 bis 30 Jahren zu Rangglern ausgebildet. Es ist eine Kampfart, bei der Sportler barfüßig gegeneinander antreten.

Schuhplatteln

Das Schuhplatteln ist ein typischer Tanz des Alpenraumes. Bekannt ist diese Art des Tanzes seit dem 11. Jh. Der Bursche umtanzt sein Mädchen, juchzt und schlägt sich auf Schenkel, Waden und Schuhsohlen. Das Mädchen lässt sich umwerben und tanzt abschließend mit ihrem Burschen einen Walzer.

Schuhplattlergruppen gibt es z. B. in Tramin und Villnöss, Prad oder Terenten.

Vereinshaus

Nahezu jede Gemeinde in Südtirol hat ein Vereinshaus. Ein Vereinshaus ist ein Haus, in dem kulturelle Veranstaltungen stattfinden.

Schützen

Der Südtiroler Schützenbund hat mehr als **5.000 Schützen** und Marketenderinnen in mehr als **140 Schützenkompanien**. Früher sahen die Schützen ihre Aufgabe darin, das Land gegen Feinde zu schützen. Heute schützen sie Tiroler Kultur und Brauchtum, Werte und Glauben.

Theater

Auf das Land verteilt gibt es **über 200 Theatervereine** mit meist ein bis zwei Theaterveranstaltungen im Jahr. Sie sind im Südtiroler Theaterverband organisiert. Die Aufführungen reichen vom Kinderstück und Musical über Komödie und modernem Theater bis hin zum Figurentheater und Volkstheater.

Kulturhaus
Haus der Vereine
Vereinshaus

Die Vereinshäuser haben unterschiedliche Namen.

Kastelruther Spatzen

Es gibt wohl bisher keine andere Musikgruppe aus Südtirol, die im In- und Ausland mehr Erfolg hat als die Kastelruther Spatzen. Die Band wurde 1975 gegründet, 1983 erschien ihre erste Platte.

Einmal im Jahr gibt es in Kastelruth das **Spatzenfest**, zu dem über 50.000 Besucherinnen und Besucher aus dem In- und Ausland kommen.

Darstellenden Kunst

Wer auf der Bühne einem Publikum etwas darstellt oder darbietet, ist Schauspieler, Tänzer, Musiker oder Sänger. Das Besondere an der Darstellenden Kunst ist, dass sie unmittelbar und direkt vor Publikum stattfindet. Zu den Darstellenden Künsten gehören Theater, Tanz, Musik und Gesang.

Schauspieler und Regisseur

Der Bergsteiger, Schauspieler und Regisseur **Luis Trenker** wurde 1892 in St. Ulrich in Gröden geboren. Er war Sohn eines Bildhauers und Malers und arbeitete neben dem Studium in seiner freien Zeit als Berg-

führer und Skilehrer. Weil Luis Trenker klettern konnte, erhielt er 1921 seine erste Hauptrolle im Film **„Berg des Schicksals"** und bald schrieb er selbst eigene Drehbücher und führte Regie. Die bekanntesten seiner Filme waren „Der Berg ruft" und „Duell in den Bergen". Luis Trenker starb 1990 in Bozen im Alter von 98 Jahren. Nach ihm ist eine Modemarke benannt.

> *Wooohl ist die Welt so grooooß und weit...*

Musikschulen

Wer in Südtirol ein Instrument lernen will, besucht eine der **51 Musikschulen** des Landes. Sie sind auf 24 Direktionen im ganzen Land verteilt.

In den Musikschulen stehen **27 Instrumente** zur Auswahl, von Akkordeon über Horn oder Harfe zu Zither.

An den Musikschulen wird auch gesungen und getanzt, es gibt Musikalische Früherziehung und den Jugendchor, Vokalausbildung oder Musik-Tanz-Theater.

Bibliotheken

Eine Bibliothek ist eine Einrichtung, in der Bücher gesammelt und den Leserinnen und Lesern zur Verfügung gestellt werden. Dass die Menschen in Südtirol gerne lesen, zeigen die vielen Bibliotheken im Lande.

Es gibt **244 öffentliche Bibliotheken**, **13 Mittelpunktbibliotheken**, **18 Fachbibliotheken** und **6 Studienbibliotheken.** Das bedeutet, dass es durchschnittlich in jeder Gemeinde zwei öffentliche Bibliotheken gibt.

In allen Bibliotheken gemeinsam stehen knapp **3 Millionen Bücher** zum Ausleihen bereit. Am meisten lesen Kinder zwischen 6 und 13 Jahren, sowie Erwachsene zwischen 40 und 49 Jahren.

Landesmuseen

Die **neun Südtiroler Landesmuseen** sind im Besitz der Autonomen Provinz Bozen und zwischen 1976 und 2003 entstanden:

• das Archäologiemuseum in Bozen
• das Bergbaumuseum im Ahrntal
• das Museum Ladin im Gadertal
• das Naturmuseum in Bozen
• das Jagd- und Fischereimuseum in Mareit

• Schloss Tirol im gleichnamigen Dorf
• das Touriseum auf Schloss Trauttmansdorff in Meran
• das Volkskundemuseum in Dietenheim
• das Weinmuseum von Kaltern

Museen

In Südtirol gibt es knapp 120 Museen, Sammlungen und Ausstellungsorte auf das Land verteilt. Ein Museum ist ein Ort, der wichtige Gegenstände für die Öffentlichkeit aufbewahrt, erforscht, ordnet und ausstellt. Die höchste Dichte an Museen hat das Burggrafenamt mit 26 Museen und Sammlungen.

Es gibt noch mehr archäologische Stätten in Südtirol:

Im Pustertal wurde 2011 das Museum **mansio sebatum** von St. Lorenzen mit römischen und keltischen Fundstücken eröffnet.

Im Eisacktal zeigen der **Archeoparc** Feldthurns und der Archeoparc Villanders Funde von der Jungsteinzeit bis in die Römerzeit und weiter ins Mittelalter.

Im Gadertal stellt das **Museum Ladin Ursus Ladinicus** in Abtei die Überreste des Höhlenbären und Fossilien der Dolomiten aus.

Im Vinschgau erzählen das **Vinschger Museum** in Schluderns und der **archeoParc** Schnalstal vom Mann aus dem Eis und seinen Zeitgenossen im Vinschgau.

Archäologie

Wer sich für archäologische Ausgrabungen interessiert, den führt sein Weg zuallererst in das **Südtiroler Archäologiemuseum.** Dort dreht sich alles um die weltweit bekannte Gletschermumie **Ötzi.**

Burg- und Schlossmuseum

In der Zeit zwischen 2006 und 2011 baute Reinhold Messner fünf **Messner Mountain Museen** auf, wovon sich eines im Trentino befindet. In **Firmian** in Schloss Sigmundskron liegt der Schwerpunkt in der Bedeutung des Berges für den Menschen, **Ortles** in Stilfs widmet sich dem Thema Eis und Gletscher, **Juval** in Kastelbell verbindet Kunst und Berg, **Ripa** in Schloss Bruneck erzählt von den Bergvölkern aller Welt und **Dolomites** in Monte Rite (im Trentino) auf 2.181 m Meereshöhe bietet Dolomiten-Bilder von der Romantik bis heute.

Stadt- und Dorfmuseen

Das **Stadtmuseum Meran** gehört zu den ältesten Museen Südtirols. Es gibt Einblicke in die Kunst rund um Meran. Weitere Stadtmuseen sind jenes von **Bozen** mit Tiroler Geschichts- und Kunstgegenständen und jenes von **Klausen** mit Kunstwerken vom 15. bis 19. Jahrhundert. Das Stadtmuseum von **Bruneck** zeigt moderne und zeitgenössische Kunst, das **Sterzinger** Stadtmuseum Gegenstände aus der Stadtgeschichte.

Volkskunde

Das älteste Landesmuseum ist das **Landesmuseum für Volkskunde** in Dietenheim. Auf 3 ha Freigelände gibt es alles rund um das Leben von Bauern, Handwerkern und Hausfrauen zu sehen und zu erleben. Speziell von der Kultur und Geschichte der Ladiner im Lande erzählt das **Museum Ladin Ciastel de Tor** in St. Martin in Thurn.

Die **Dorf- und Bauernmuseen** von Kastelruth, Steinegg, Sarnthein, Feldthurns, Völlan, Tramin und Gufidaun geben Einblicke in das bäuerliche Leben und in alltägliche Arbeiten unserer Vorfahren.

Bergbau

Spektakulär ist das Südtiroler **Bergbaumuseum Schneeberg von Passeier** mit der dazugehörigen Bergbauwelt. Das Erlebnisbergwerk liegt auf 2.355 m Meereshöhe und ist nur zu Fuß erreichbar. Es dokumentiert das Leben rund um den Bergbau vom Mittelalter bis 1967.

Das **Bergbaumuseum im Kornkasten Steinhaus** erzählt von der Geschichte des Bergwerks von Prettau im Ahrntal. Das **Schaubergwerk Prettau** dokumentiert die Geschichte des Kupfererzabbaus. Im stillgelegten Bergwerkstollen, dem **Klimastollen Prettau** auf 1.100 m gibt es im Berginneren eine pollenfreie und reine Luft zum Atmen.

Superlative

Bad Egart in Partschins gilt als das älteste Bad Tirols, das dazugehörige Museum erzählt von der k.u.k. Zeit von Kaiser Franz Joseph I. und seiner Frau Sissi.

Die **Eisenbahnwelt** in Rabland besitzt die größte private Modelleisenbahnsammlung Europas.

Naturmuseum

Das **Naturmuseum Südtirol** in Bozen zeigt anschaulich die Entstehung der Berg- und Tallandschaften und die Vielfalt der heimischen Lebensräume von Pflanzen und Tieren. Besonders spannend ist ein Erlebnis, wenn Kinder eine ganze Nacht im Museum verbringen können.

Von der Natur handelt auch das **Jagd- und Fischereimuseum** im Schloss Wolfsthurn in Mareit. Kinder können dort unter anderem Tierstimmen hören und Tierspuren entdecken, Hirschgeweihe und Bärenhöhlen besichtigen.

Huch, so eine große Frau habe ich noch nie gesehen!

Ridnauner Riesin

Im **Bergbaumuseum von Ridnaun** gibt es neben dem Bergbau auch die „Ridnauner Riesin" in Lebensgröße zu sehen. Die außergewöhnlich große Frau mit Namen **Maria Fassnauer** wurde 1879 auf dem höchst gelegenen Bauernhof in Ridnaun geboren und trat Ende des 19. Jh. im deutschsprachigen Raum als Zirkusattraktion auf. Sie wurde nur 38 Jahre alt.

Die Frau war 2,17 Meter groß und 172 kg schwer.

Besondere Themen in Museen

- Waffen im Schloss Prösels
- Andreas Hofer im Museum Passeier
- Juden im Jüdischen Museum in Meran
- Frauen im Frauenmuseum Meran
- Weinbau im Schloss Rametz
- Schreibmaschine im Peter-Mitterhofer-Museum in Partschins
- Krippen im Krippenmuseum Brixen
- Bienen im Imkereimuseum am Ritten
- Fremdenverkehr im Haus Wassermann in Niederdorf
- Schafe und Wolle in der Lodenwelt Vintl
- Gesteine im Geomuseum Radein

Burgen &

Südtirol ist das Land der Burgen und Schlösser, denn es gibt rund 85 Burgen und Schlösser und an die 60 Burgruinen im Land. Allein die Gemeinde Eppan zählt über 200 Gebäude und Ansitze, in denen einst Adelige oder Bischöfe wohnten.

Churburg
Schluderns

Die Churburg wurde im 13. Jh. von einem **Bischof von Chur** erbaut und bald darauf wurde sie die Stammburg der Herren von Matsch. Seit 500 Jahren bewohnt die Familie von Trapp das Schloss. Sehenswert ist die Rüstkammer mit einer Sammlung von über 50 Rüstungen. Sie ist die größte der Welt mit einer 45 kg schweren Rüstung von Ulrich IX. von Matsch.

Juval
Schnals

Der Name Juval leitet sich von mons jovis, Berg des Jupiter, ab. Im 13. Jh. bauten die **Herren von Montalban** die heutige Burg, Reinhold Messner kaufte sie 1983 und bewohnt sie seitdem selbst. In der Burg ist das Messner Mountain Museum Juval untergebracht, das die größte Tibetika-Sammlung der Welt beherbergt.

Die **Herren von Schenna** bauten im 14. Jh. die Burg Schenna, im 15. Jh. verteidigte Ursula von Starkenberg die Burg mit 43 Mann gegen Friedrich mit der leeren Tasche, im 19. Jh. erwarb Erzherzog Johann die Anlage.

Schenna
Schenna

Zu sehen sind im heutigen Schloss Schenna originale Möbel, Waffen und Bilder von Erzherzog Johann. Schloss Schenna gehört zu den besterhaltenen Schlössern des Landes.

Tirol
Dorf Tirol

Die Burg Tirol wurde im 12. Jh. von den **Grafen von Tirol** erbaut und war bis ins 15. Jh. der Sitz der Landesfürsten von Tirol. Meinhard II., sein Sohn Heinrich III., dessen Tochter Margarete und auch Friedrich mit der leeren Tasche wohnten darin. Heute ist im Schloss das Landesmuseum für Kultur- und Landesgeschichte untergebracht.

Die Burg Hocheppan liegt oberhalb von Missian im Überetsch. Hocheppan wurde von den **Grafen von Eppan** im 12. Jh. gebaut, die romanischen Fresken der Burgkapelle gehören zu den besterhaltenen Fresken Tirols.

Hocheppan
Missian

In der Nähe von Hocheppan liegen **Boymont** und **Korb**. Die drei Burgen können in einer Burgenwanderung an einem Tag besichtigt werden. Boymont stammt aus dem 13. Jh. und wurde von Heinrich von Boymont, einem Vasallen der Grafen von Eppan, erbaut. In der Burgruine ist inzwischen ein uriges Gasthaus untergebracht.

Oberhalb von Salurn auf einem Felsen liegt stolz die Haderburg. Die Burg wurde im 13. Jh. von den **Grafen von Salurn** errichtet, ist eine der ältesten Burgen des Landes und ist heute eine Ruine. Sie kommt nicht nur in Sagen, sondern auch im Märchen „Der alte Weinkeller bei Salurn" der Gebrüder Grimm vor.

> Einmal im Leben Burgfräulein sein!

Burg

Eine Burg ist ein mittelalterlicher Bau, der einer Gemeinschaft als Wohnung und zum Schutz vor Feinden diente. Die meisten Burgen des Landes wurden im 12. und 13. Jh. gebaut und von Adelsfamilien, Freiherren oder Rittern, aber auch von Fürstbischöfen bewohnt.

Schloss

Im Unterschied zu einer Burg wurde ein Schloss in der Neuzeit gebaut, war meist prunkvoller als eine Burg und diente den Adeligen als Sitz der Regierung. Schloss Tirol oberhalb von Meran etwa war lange Zeit Regierungssitz der Grafen von Tirol.

Haderburg
Salurn

Schlösser

Die Burg wurde im 12. Jh. von den **Herren von Taufers** gebaut. In der Burg gibt es 64 Räume, wovon rund zwei Drittel getäfelt sind. Zu besichtigen sind das Fürstenzimmer, die Bibliothek, das Verlies, die Rüstkammer und die Burgkapelle. In der Burg ist außerdem eine Sammlung von Einrichtungsgegenständen aus der Zeit zwischen dem 12. und 17. Jh. zu sehen.

Die Festung wurde im 18. Jh. von **Kaiser Ferdinand I.** erbaut und nach Kaiser Franz I. von Österreich benannt. Die Festung diente dem Militär als Stützpunkt und schützte das Tal gegen Feinde. In den Kavernen wurde Munition gelagert, eine Treppe mit 451 Stufen führt vom Tal hinaus in die Höhenwerke.

Reifenstein
Freienfeld

Die Burg Reifenstein wurde im 12. Jh. als Lehen der **bayrischen Grafen Lechsgmünd** gebaut. Sie gilt als eine der besterhaltenen Burgen Südtirols, da sie in ihrer Geschichte niemals erobert oder zerstört wurde. Auf der anderen Seite des Sterzinger Talkessels befindet sich die Burg Sprechenstein.

Festung Franzensfeste
Franzensfeste

Nach 1930 baute die italienische Armee Bunkeranlagen dazu und im 2. Weltkrieg lagerte die deutsche SS hier ihre Raubgüter. Bis heute heißt es, in der Festung soll Gold vergraben sein.

Rodenegg
Rodeneck

Das Schloss wurde im 12. Jh. von den **Herren von Rodank** errichtet. Sehenswert sind die romanischen Fresken aus dem 13. Jh., auf denen die Sage von Iwein dargestellt ist. Besichtigen kann man auch das „Lauterfresserloch", ein enges Verlies, in dem im 17. Jh. Mathias Perger, der sagenumwobene Lauterfresser, gefangen gehalten wurde.

Die Trostburg wurde im 12. Jh. von den **Herren von Kastelruth** gebaut. Ab dem 14. Jh. hielten die Grafen von Wolkenstein-Trostburg von der Burg aus Gericht. Heute kann man dort eine der ältesten Stuben Tirols und eine Burgenausstellung von etwa 100 Modellen Südtiroler Burgen besichtigen.

Trostburg
Waidbruck

Prösels
Völs am Schlern

Die Burg stammt aus dem 13. Jh., im späten Mittelalter fanden auf Schloss Prösels Hexenverbrennungen statt. Im 16. Jh. wurde die Burg von den **Herren von Völs** zum heutigen Schloss umgebaut und mit einer modernen Wehrtechnik ausgestattet. Heute finden dort Führungen und kulturelle Veranstaltungen statt.

Die Burg „Sigmundskron" wurde 945 erstmals erwähnt und wechselte oft den Besitzer: im 11. Jh. von **Kaiser Konrad** an den Bischof von Trient, im 12. Jh. an die Herren von Firmian und im 15. Jh. an Herzog Sigmund den Münzreichen. Im 18. Jh. gehörte die Burg den Grafen von Wolkenstein, den Grafen von Sarnthein und den Grafen Toggenburg.

Thurn
Gadertal

Schloss Thurn im Gadertal ließ der **Bischof von Brixen** erbauen und gab es den Herren von Rodank-Schöneck als Lehen und Gerichtssitz. Mit der Säkularisierung kauften Bauern das Schloss. Heute ist dort das ladinische Landesmuseum untergebracht.

Runkelstein
Bozen

Auf dem steilen Felsen (runchenstayn) am Eingang ins Sarntal steht Runkelstein, das im 13. Jh. von den **Herren von Wanga** erbaut wurde. Wegen der schönen gotischen Fresken, die von den Herren von Vintler in Auftrag gegeben wurden, nennt man Runkelstein auch die „Bilderburg". Seit 1893 gehört das Schloss der Stadt Bozen.

Sigmundskron
Bozen

Heute gehört Schloss Sigmundskron dem Land Südtirol, Reinhold Messner nutzt es als Messner Mountain Museum Firmian.

Kunst & Kirche

Jede Zeit bringt ihre eigene Kunst hervor. An den Kunstwerken erkennt man die jeweilige Epoche. Eine Epoche bezeichnet einen längeren Abschnitt der Geschichte mit gemeinsamen Merkmalen. Gut erkennbar sind die einzelnen Epochen an der Architektur der Kirchen.

Merkmal: Mosaik

Die Mosaikkunst geht auf die Sumerer des 3. Jt. v. Chr. zurück.

Antike

bis ca. 400 n. Chr.

Der Name Antike bedeutet lateinisch alt, altertümlich und ist die Zeit der Römer in unserem Land. Kirchen gab es noch keine, denn die Menschen in Südtirol gehörten vorchristlichen Religionen an. In unserem Land ist die antike Kunst von den Römern geprägt. In einer antiken **römischen Villa in St. Pauls** bei Eppan wurden bunte und schwarz-weiße Mosaike ausgegraben.

Vorromanik

ca. 400 – 1.000 n. Chr.

Im 5. Jh. und 6. Jh., der Zeit der Langobarden, Goten und Franken im byzantinischen Reich, entstanden in Südtirol die ersten vorromanischen Kirchen. Eine der ersten Kirchen wurde im 6. Jh. in **Bozen** auf dem Boden des heutigen Bozner Doms gebaut. Sie hieß anfangs „Liebe Frau vom Moos", da in der Nähe die Sümpfe und das Flussbett des Eisacks lagen. Im Mittelalter wurde die Kirche umgebaut und in Maria Himmelfahrt umbenannt.

*Aus dem 5./6. Jh. stammt auch die Barbarakapelle auf **Castelfeder** und eine frühchristliche Kirche im Weinberg unterhalb von **Kloster Säben**.*

Und wieder ein besonderes Foto für mein Album!

Merkmal: Fresko

Fresko in der St. Prokulus-Kirche in Naturns aus dem 7. Jh.

Fresken sind Wandmalereien, bei denen die Farben auf den noch nassen Putz aufgetragen werden. Diese Malereien werden in mehreren Schichten auf die Wand aufgetragen und sind aufgrund dieser Technik besonders lange haltbar. Die ersten Fresken gibt es in der Antike, die ältesten Fresken in unserem Land sind jene der **römischen Villa** in St. Pauls aus dem 4. Jh. und die karolingischen Fresken aus dem 9. Jh. in **St. Benedikt** in Mals.

ca. 1.000 – 13. Jh.

Merkmal: Rundbogen

Romanik

Auf die Vorromanik folgt die Romanik. Typisch sind die romanischen Kirchen auf Hügeln oder Anhöhen wie etwa die **St. Hippolyt Kirche** oder **St. Veit am Tartscher Bühel**, meist gebaut auf vorchristlichen Kultplätzen. Sie haben Rundbögentüren und Steinmauern, an den Säulen und Portalen sieht man Reliefs mit Tieren und Figuren.

*Das romanische Portal mit Fabelwesen auf **Schloss Tirol** stammt aus der Zeit der Romanik.*

Bekannte Malereien aus der Romanik sind die romanischen Fresken in der Krypta des **Klosters Marienberg** in Burgeis oder der Iwein-Freskenzyklus auf **Schloss Rodenegg**. Allein im Vinschgau gibt es über 30 Kirchen, Kapellen und Klöster aus der Romanik.

Domkreuzgang in Brixen

Merkmal: Spitzbogen

Gotik

ca. 13. – 15. Jh.

Die Kunst der Gotik kam im 13. Jh. aus Frankreich über die Alpen nach Südtirol. Typisch für die Gotik sind hohe Kirchenräume mit Spitzbögen wie jene der **Dominikanerkirche** in Bozen. Sie ist der erste gotische Kirchenbau Südtirols. Viele romanische Gebäude wurden aber auch einfach gotisch erweitert oder umgebaut. Gotisch sind auch der **Domkreuzgang** von Brixen, das **Rathaus** von Sterzing, die **Franziskanerkirche** in Bozen und der Flügelaltar von Hans Schnatterpeck in der Pfarrkirche Niederlana. Gotische Burgen sind in Sterzing Schloss Sprechenstein und Burg Reifenstein, sowie in Bozen **Schloss Runkelstein.**

Fürstbischof

Nikolaus Kardinal von Kues, einfacher **Nicolaus Cusanus** (1401–1464), war ab 1450 Fürstbischof von Brixen und bekannt auch als Philosoph und Theologe. Er führte zahlreiche Kirchen und Klosterreformen durch und stieß dabei auch auf einigen Widerstand. Nach Kardinal Nicolaus Cusanus ist ein Bildungshaus in Brixen benannt.

Äbtissin

Besonders die Äbtissin des Benediktinerklosters **Verena von Stuben** (1410-1472) wehrte sich gegen die Reformen von Nicolaus Cusanus. Er forderte, dass der bis dahin in Rechtsfragen unabhängige Orden von Sonnenburg fortan dem Bischof von Brixen dienen sollte. Die Äbtissin weigerte sich, es kam 1458 zu einer Schlacht bei Enneberg. Die Äbtissin verlor den Kampf gegen den mächtigen Fürstbischof.

Berühmte Künstler

In vielen Kirchen Südtirols findet man wertvolle Malereien von einheimischen Künstlern. Ein bekannter Maler und Schnitzer war **Michael Pacher**. Er lebte im 15. Jh., schnitzte und bemalte Flügelaltäre wie jene in den Pfarrkirchen von St. Lorenzen und Gries.
Ein barocker Maler war **Paul Troger**, der im 18. Jh. lebte. Seine Deckenmalereien sind im Brixner Dom zu sehen.

Renaissance

16. Jh.

Das Wort Renaissance kommt aus dem Französischen und bedeutet Wiedergeburt der Antike. Die Kunst der Renaissance stammt aus Italien, wo sich viele antike Ruinen erhalten hatten. In der Renaissance rückt der „Mensch auf Erden" wieder mehr in den Mittelpunkt. Bauherren sind verstärkt wohlhabende Kaufleute und Händler. Für Bauten werden wie in der Antike einfache Formen wie Quadrat und Kreis, Säulen und Dreiecksgiebel verwendet. Bedeutende Gebäude der Renaissance sind **Schloss Fahlburg** in Prissian, **Schloss Dornsberg** in Naturns, **Schloss Velthurns** in Feldthurns oder **Schloss Maretsch** in Bozen.

Merkmal: antik

Schloss Veldthurns

Barock

16. - 18. Jh.

Merkmal: prachtvoll

Auch diese Kunstepoche geht von Italien aus, es ist die Zeit der kirchlichen Macht und der Inszenierung. Typisch für den Barock sind theatralische großartige Formen, der Einsatz von Stuck und Gold für Figuren und Dekorationen. Barock ist die Fassade des **Brixner Doms** und das Innere der **Stiftskirche** von Neustift, sowie **Schloss Wolfsthurn** bei Mareit.

In den Innenräumen werden auf Wänden, Gewölben und Decken gerne Elemente aus Stuck gefertigt. Mit der Stuck-Technik konnte man verspielte und bewegte Figuren gut herstellen.

Putten

sind nackte Knabenengel aus Stuck, meist mit Flügeln und als Kleinkinder dargestellt. Sie schmücken Altäre, Orgeln oder Fresken.

Historismus

1840 - 1900

Merkmal: historisch

Während dieser Zeit greifen Künstler verstärkt auf den romanischen und gotischen Stil zurück. Ein Beispiel für den Historismus ist die **Herz-Jesu-Kirche** in Bozen, die zu Ehren von Kaiser Franz Joseph I. im 19. Jh. errichtet wurde.

Stadttheater Meran

Merkmal: klar und einfach

Wasserspeier

sind Rohre oder Rinnen mit steinernen Figuren, die das Wasser von Gebäuden oder Dächern ableiten. Solche Wasserspeier wurden seit der Romanik verwendet, verstärkt dann in der Gotik.
Wasserspeier sind am **Bozner Dom**, am **Kloster Neustift** oder an der **Maria-Hilf-Kirche** in Seis am Schlern zu sehen.

Die Figuren hatten oft die Form von dämonische Gestalten oder Tieren, die das Haus beschützen sollten.

Klassizismus

ca. 1770 - 1840

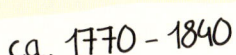

In dieser Zeit nahmen sich die Architekten wieder die griechische und römische Kunst zum Vorbild. Das trifft sowohl auf die Skulpturen, als auch auf die Architektur zu. Die verspielten spätbarocken Formen werden wieder einfacher. Aus dieser Zeit stammt die **Pfarrkirche zu St. Peter und Paul** in Kastelruth.

Merkmal: griechisch-römisch

Kastelruther Kirchturm

Jugendstil

Übergang 19. - 20. Jh.

Die Künstlerinnen und Künstler des Jugendstils lehnen den Historismus ab und suchen wieder neue Formen, die ihrer Zeit entsprechen. Mit dem Jugendstil beginnt die moderne Kunst des 20. Jh.. Künstler orientieren sich wieder mehr an der Natur. Typisch sind deshalb Blumenornamente, große Fensterbögen, helle Farben und viel Leichtigkeit. Jugendstilbauten finden sich in Meran entlang der Passer und der Kurpromenade wie das **Kurhaus** und das **Stadttheater.**

Sagen & Märchen

Der Alpenraum ist bekannt für seine unzähligen Sagen und Legenden, Märchen und Mythen. Salige und Hexen, Riesen und wilde Männer, Zwerge und Nörggelen, nicht zu vergessen die Zauberer und Drachen geben sich hier ein Stelldichein. Gesammelt und erforscht werden diese Geschichten von VolkskundlerInnen, SagenforscherInnen oder SchriftstellerInnen.

Sagen

Sagen werden mündlich erzählt und haben meist einen wahren Kern. Sie berichten von einem Ort, einer Landschaft, einer Person oder einem geschichtlichen Ereignis.

Märchen

Märchen sind poetische Geschichten, die von wundersamen Ereignissen oder zauberhaften Begebenheiten erzählen. Die bekanntesten Märchen sind im deutschen Sprachraum jene der **Gebrüder Grimm**, im Italienischen jene von **Giovanni Battista Basile**. Die Volkskundlerin Ulrike Kindl hat die Märchen der Dolomiten gesammelt.

Nörggelen wohnten in Höhlen, halfen bei der Arbeit in Haus und Stall und neckten zuweilen gerne auch Dienstleute.

Nörggelen

Nörggelen sind gutmütige Zwerge oder kleine tückische Männchen mit einem roten Jäckchen oder einem roten Höschen.

Sie waren im gesamten Vinschgau und Obervinschgau rund um **Matsch, Marling, Schnals, Passeier** und im Ötztal zu Hause. Auf dem Vellauerberg oberhalb von Algund gibt es sogar Höhlen, die bis heute **Norggenlöcher** genannt werden.

Pfeifer Huisele

Im 17. Jh. lebte einst das Pfeifer Huisele, das besonders im Wipptal, Sarntal und Passeier unterwegs war. Dieser **Hexenmeister** ärgerte gerne Leute und spielte ihnen Streiche.

Er konnte sich in einen Ochsen oder eine Fliege verwandeln, konnte Wetter zaubern oder aus Wasser Butter machen.

Der wilde Mann

Der wilde Mann ist groß und stark, lebte in der **Wildnis** der Wälder und Hochalmen und kehrte zur Saatzeit mit guten Ratschlägen bei den Bauern ein. Wilde Männer gab es überall dort, wo es Bäume und Wälder, Felsen und Höhlen gab, wie etwa in Ulten und Passeier, am Schlern und am Ritten sowie im **Montiggler Wald** auf dem Wilder-Mann-Bühel.

König Laurin

Am **Rosengarten** soll König Laurin zu Hause gewesen sein. Er war dort nicht nur stolzer Besitzer eines Reichs mit einem zauberhaften Rosengarten, sondern er besaß auch eine Tarnkappe, die ihn unsichtbar machen konnte und einen Zaubergürtel, der ihm die Kraft von zwölf Männern verlieh.

Riesen

In Südtirol gab es einige Riesen, von denen einer in **Sulden**, einer im Unterland, einer im Hochpustertal, einer im Eggental und einer in den Dolomiten wohnte.

Der **Riese Ortler** riss Bäume aus wie Grashalme, der Riese Grimm tötete den Drachen von Pfatten, der Riese Haunold half beim Bau der Stiftskirche von Innichen, während der Riese Titsch von Deutschnofen den Hofriesen des Kaisers besiegte.

Der **Riese Langkofel** liebte es, die Hühnchen der Bauern zu stibitzen. Dafür wurde er eines Tages unter die Erde versenkt, heute ist dort nur mehr seine Hand mit den fünf Fingern zu sehen.

Lauterfresser

Im 17. Jh. trieb rund um Pustertal, Wipptal und Eisacktal **Mathias Perger,** genannt der Lauterfresser, sein Unwesen. Seinen Namen hat er vom flüssigen (lauteren) Essen, das er zu sich nahm. Der Geburtsort des Hexenmeisters war Tschötsch bei Brixen. Angeblich konnte er zaubern und sich in Tiere verwandeln.

Salige

Die Saligen wohnten am liebsten in Höhlen. Den Bauern halfen sie gerne bei ihrer Arbeit im Stall und auf dem Feld, so wie auch in **Lüsen**. Sie pflegten das Vieh, schnitten das Korn auf der Alm und beschützten die wilden Gämsen im Wald.

Wenn sie nicht gerade den Bauersleuten zur Hand gingen, hüteten sie Schätze in ihrem unterirdischen Reich. Die geheimnisvollen **Saligenlöcher** im **Vinschgau** und **Pustertal** sollen sogar noch Zugänge zu ihrem Reich sein.

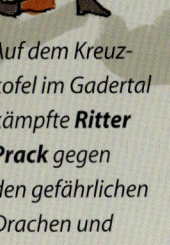

*Auf dem Kreuzkofel im Gadertal kämpfte **Ritter Prack** gegen den gefährlichen Drachen und besiegte ihn.*

Drachen

Auch in Südtirol hat es früher Drachen oder Haselwürmer gegeben. Sie konnten kriechen wie eine Schlange, fliegen wie ein Vogel oder schwimmen wie eine Echse. Der Körper des Drachen war über und über mit Schuppen bedeckt, er konnte scharf blicken und hütete einen wertvollen Schatz. Ein **Haselwurm** wurde öfters in Villanders und Brixen gesehen.

Königin Dolasilla

Die Königstochter Dolasilla wurde auf der Fanesburg geboren. Am Silbersee erhielt sie ihre magischen silbernen Pfeile und am **Kronplatz** wurde sie zur Königin des Fanesreiches gekrönt. Ihre letzte Schlacht kämpfte die Kriegerin auf Armentara bei Wengen, wo sie schließlich starb und von den Murmeltieren in einem unterirdischen Reich begraben wurde.

Wer einen wilden Umzug sah, wurde blind und das Jahr darauf durch die Berchta wieder sehend.

Hexen

Die wohl bekannteste Hexe Südtirols ist die **Pachlerzottl.** Barbara Pacher lebte im 16. Jh. in Windlahn im Sarntal. Mit der Pemmerer Hexe, der Hornerhexe aus Oberbozen und den Haselhexen von Seis und Partschins traf sie sich donnerstags oder in der Walpurgisnacht zum Hexentanz.

Beliebte **Hexentreffpunkte** waren im Sarntal die Stoanernen Mandlen und die Sarner Scharte, am Ritten der Rosswagen und das Hexenbödele, am Schlern das Rungger Egg und der Burgstall, bei Meran die Latsag und die Purenwiesen.

Berchta

Die Berchta oder Perchte war ein **altes Weib**, das in den Raunächten zwischen Weihnachten und Dreikönig um das Haus zog und in einem Wagen die Seelen von ungetauften Menschen fuhr.

In Lajen wurde sie mit ihren sieben Hunden entlang eines Gebirgsbaches gesehen, am Villanderer Berg zog sie mit einem **Wagen voll Menschen** vorbei. Am Dreikönigstag prüfte sie, wer das Jahr über fleißig und wer faul war. In Gummer und Welschnofen stellte man ihr sogar Speisen vor das Haus, um sie gütig zu stimmen.

Hui, das ist aber ein spannendes Sagenbuch!

Sagen

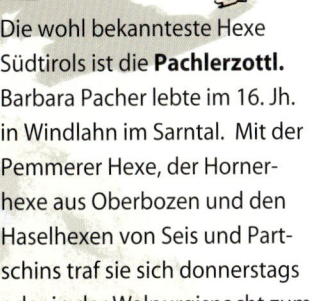

Auf Pfaden und Wegen

Straßen und Wege
Tisenjoch

Seite **64**

Pflanzen
Gletscher-
Hahnenfuß

Seite **90**

Längster Fluss
Etsch

Seite **74**

Nationalpark
Stilfser Joch

Seite **78**

Höchster Berg
Ortler

Seite **66**

Täler
Martell

Seite **72**

Giftigstes Tier
Schlange

Seite **86**

Größter See
Kalterer See

Seite **76**

Viele Wege führen durch Südtirol. Wenn du über die Berge möchtest, nimmst du einen der unzähligen Wanderwege über die Alpen. Erkennst du die Gesteine entlang deiner Route? Bist du hingegen mit dem Fahrrad unterwegs, kannst du damit sogar Pässe und Jöcher überwinden oder im Tal die Fahrradwege entlang den Flüssen nehmen.

Kommst du hingegen mit dem Auto von Süden ins Land, nimmst du entweder die Staatsstraße oder die Autobahn. Und vielleicht geht sich unterwegs sogar ein Besuch in einem der Naturparke aus. Dort kannst du seltene Tiere und Pflanzen sehen, die es nur in den Alpen gibt. Wer hingegen ein typisches Naturdenkmal sehen möchte, wandert am besten zu Fuß dorthin.

62

BRENNERPASS
1374 m

Grenzen
Brennerpass
Seite 70

Bäume
Zirbelkiefer
Seite 88

Klima
Toblach
Seite 82

°C
50
40
30
20
10
0
-10
-20
-30
-40

Ältestes Tier
Höhlenbär
Seite 84

Gesteine
Teiser Kugeln
Seite 68

Naturdenkmal
Erdpyramiden
Seite 80

Wie vielfältig doch die Natur unseres Landes ist! Komm, Marie, schauen wir uns das gemeinsam an!

Straßen & Wege

Es gibt Menschen, die Südtirol zu Fuß die Wanderwege durchlaufen, andere, die mit dem Fahrrad über die Radwege touren, wieder andere, die mit dem Zug das Land durchqueren, und solche, die mit dem Auto über Landstraße, Staatsstraße oder Autobahn fahren.

VIA CLAVDIA AVGVSTA

Saumpfad Troi Paian
vom Eisacktal über die Dolomiten nach Venedig

Saumpfad am Stilfser Joch

Römerstraßen

Die Römer bauten bestehende Fuhrwege zu richtigen Straßen für das Heer aus: die **Via Claudia Augusta** über den Reschen, die Via Raetia über den Brenner und die Via Claudia Augusta Altinate ins Pustertal. Die wichtigste Römerstraße war die Via Claudia Augusta über den Reschenpass.

Saumpfade

Die Mehrzahl der Wege über die Alpen waren Saumpfade. Sie waren für den Wagen zu schmal oder zu steil. Deshalb wurden **Esel, Maultiere** oder **Pferde** mit Waren beladen und über die Alpen geführt.

Ur-Weg von Ötzi: Schnals > Ötztal (über das Tisen- und das Niederjoch)

Steige

Südtirol liegt mitten in den Alpen. Die ältesten von Menschen begangenen Wege sind die Steige über die **Jöcher** der Alpen. Ursprünglich folgten die Menschen dabei den Wanderrouten von Tieren.

Fuhrwege

Bereits in der Kupferzeit betrieben die Menschen Handel mit benachbarten Völkern. Der Weg über die Alpen war dabei äußerst wichtig. Durch die Erfindung des **Wagens** wurden Höhenwege zu Fuhrwegen ausgebaut und der Transport von Waren über die Berge erleichtert.

Um 1.000 v. Chr. führten mehr als 20 Fernwege über die Alpen, fünf davon waren mit dem Wagen befahrbar. Eine davon war der Weg über den Brenner.

MALS

Mals – Meran 60 km

Alex, fahren wir heute mal mit dem Fahrrad in den Vinschgau und zurück mit der Vinschger Bahn?

Eisacktaler Kastanienweg
zwischen Bozen und Brixen: 60 km lang, 4 Etappen, 18 Stunden Fußmarsch

Höhenwege

Als die Menschen sesshaft wurden, benutzten sie **Fußwege** in den mittleren Lagen. Diese Höhenwege führten entlang der Täler und die Menschen vermieden so die Sümpfe und Flüsse im Tal.

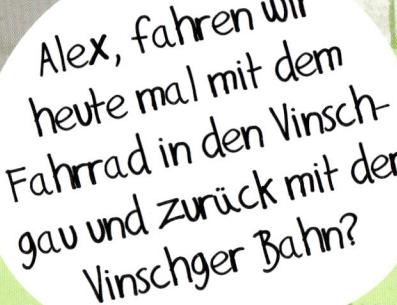

Wanderwege

Im 19. Jh. wurden auf den Bergen Wege angelegt, Hütten und Brücken gebaut, um den Bergliebhabern das Wandern zu ermöglichen. Inzwischen hat Südtirol ein Netz von mehr als **16.000 Kilometern** Wanderwege.

Reichsstraße

Im Mittelalter wurde die Brennerroute zur Reichsstraße **Via Imperii** von Venedig über Verona und den Brenner bis nach Augsburg und Berlin ausgebaut.

Die Händler befuhren diesen Weg mit Zweiradkarren, Plan- oder Leiterwagen. Auf dieser Straße zogen im Mittelalter **Könige und Kaiser** in Kutschen über den Brenner.

Im 15. Jh. wurden entlang der Strecken Zölle und Mautstationen eingeführt. So ein Zollhaus gibt es bis heute in Kollmann im Eisacktal.

Straßennetz

Die vierspurige **Brennerautobahn** führt vom Brenner durch das Eisacktal bis nach Modena.

Einweihung: 1971
313 km lang
22 Raststätten
101 Brücken & Viadukte
30.000 – 40.000 Fahrzeuge pro Tag, ein Viertel davon sind Lastkraftwagen.

Die wichtigsten Staatsstraßen im Land folgen den Routen der alten Römer:

die Pustertaler Straße wurde zur SS 49

die Brennerstraße SS 12

die Vinschgauer Staatsstraße SS 38

von Meran nach Bozen führt die vierspurige Schnellstraße Mebo

Neben Staatsstraßen gibt es im ganzen Land eine Vielzahl an Landesstraßen und Bergstraßen.

Insgesamt ziehen knapp **9.000 km Straßen** durch Südtirol.

Pilgerwege

Ab dem 8. Jh. wanderten Pilger über die Jöcher nach Rom. Ein bekannter Pilgerweg ist jener über den Gampenpass. Der Wallfahrtsort **Unsere liebe Frau im Walde** soll einer der ältesten Wallfahrtsorte Tirols sein. Entlang eines Pilgerweges entstanden **Hospize**, wo müde Pilger übernachten konnten.

Radwege

Der Radweg von Brenner nach Bozen ist knapp 100 km lang und kann in 5 Stunden Fahrtzeit (ohne Unterbrechung) mit dem Rad befahren werden.

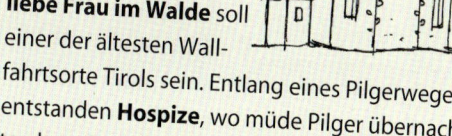

BRENNER

Brixen – Brenner 57 km

Mühlbach – Innichen 62 km

INNICHEN

BRIXEN

MERAN

Meran – Bozen 34 km

Bozen – Brixen 48 km

BOZEN

Salurn – Bozen 36 km

SALURN

Schienen

Durch neue technische Erfindungen konnten lange Strecken in kürzerer Zeit zurückgelegt werden. Wesentlich beschleunigt wurde der Verkehr 1867 mit der Eröffnung der **Eisenbahnlinie** von Innsbruck nach Bozen. Der Zug transportierte sowohl Personen als auch Güter.

Radwege

Die Radwege in Südtirol erstrecken sich über rund **400 km.**

Vinschger Bahn

Die regionale Vinschger Bahn fährt von Mals im Vinschgau bis nach Meran. Die Strecke der Bahn ist 60 km lang. Der Zug überwindet 474 Höhenmeter und fährt durch 5 Tunnels.
Ursprünglich war die Vinschger Bahn im Juli 1906 eröffnet worden, 1990 fuhr vorerst der letzte Zug durch den Vinschgau und seit 2005 ist die **neue Vinschger Bahn** wieder in Betrieb.

ORTLER Ortlergruppe 3.897 m	**KÖNIGSSPITZE** Ortlergruppe 3.853 m	**ZUFALLSPITZE** Ortlergruppe 3.758 m	**WEISSKUGE** Ötztaler Alper 3.740 m

4000
3000
2000

Höchste Berge

In Südtirol gibt es rund 350 Berggipfel über 3.000 m Meereshöhe. Die höchsten Dreitausender liegen am Alpenhauptkamm entlang der Grenze von Österreich und Italien.

Berge & Gebirge

Die Alpen sind das höchste Gebirge Europas, das vom Wiener Becken in einem Bogen über Südtirol bis zum Golf von Genua verläuft. Dieses mächtige Gebirge ist 1.200 km lang und entstand vor 200 bis 100 Millionen Jahren. Riesige Kontinentalkrustenplatten bewegten sich langsam aufeinander zu, die Gesteine wurden übereinander geschoben, gefaltet und angehoben. So sind die Berge Südtirols entstanden, von denen der Ortler mit 3.897 m der höchste Berg ist.

Bleiche Berge

Der heutige Name „Dolomiten" stammt aus dem 19. Jh. Vorher hieß das Gebirge nur „Die bleichen Berge". Der französische Mineraloge **Déodat Gratet de Dolomieu** sammelte im Gebiet zwischen Brenner und Unterland Gesteine. Er fand heraus, dass das Sedimentgestein zu 90% aus Dolomit bestand, einem bis dato nicht eigenständigen Karbonat-Gestein.

Alpen

Die Alpen werden unterteilt in Westalpen und Ostalpen. Die Ostalpen wiederum werden je nach ihrer Lage in Nordalpen, **Zentralalpen** und **Südalpen** unterschieden.

Die Nordalpen berühren Südtirol nicht, die Zentralalpen befinden sich im Norden Südtirols, die Südalpen erstrecken sich über den Süden des Landes.

Ostalpen

ZENTRALALPEN

Ötztaler Alpen
Stubaier Alpen
Zillertaler Alpen
Venediger-gruppe
Rieserferner-gruppe
Villgratner Berge

Inn. Bärenbartkogel
Weißkugel
Similaun
Hintere Schwärze
Sesvenna-gruppe
Texelgruppe
Sarntaler Alpen
Geisler-gruppe
Fanesgruppe
Sextner Dolomiten

Ortlergruppe
Trafoier Eiswand
Thurwieserspitze
Zebrü
Ortler
Königsspitze
Zufallspitze
Langkofel-gruppe
Sella-gruppe

Wonsberg-gruppe
Rosen-garten
Latemar

Dolomiten

SÜDALPEN

1 Kilometer

Dolomiten

Der **Langkofel** ist der höchste Berg der Langkofelgruppe. Sein Name bedeutet auf ladinisch „langer Fels", denn der Felsen ist einen ganzen Kilometer lang.

Sarntaler Alpen

Die Sarntaler Alpen liegen mitten im Herzen von Südtirol, mit dem **Hirzer** als höchstem Gipfel. Auf die Sarntaler Alpen führen sechs Seilbahnen: die Ifingerseilbahn, die Bergbahn Rittner Horn, die Hirzer Seilbahn, die Vöraner Seilbahn, die Seilbahn Vilpian-Mölten und die Jenesiener Seilbahn.

Auf den Sarntaler Alpen gibt es auf 2.305 m das Kirchlein zum Latzfonser Kreuz. Es ist der höchst gelegene Wallfahrtsort Europas.

ZEBRÙ	THURWIESER-SPITZE	HINTERE SCHWÄRZE	SIMILAUN	TRAFOIER EISWAND	INNERER BÄREN-BARTKOGEL
Ortlergruppe	Ortlergruppe	Ötztaler Alpen	Ötztaler Alpen	Ortlergruppe	Ötztaler Alpen
3.736 m	3.652 m	3.624 m	3.600 m	3.563 m	3.557 m

4000

3000

2000

Der Ortler

Ortlergruppe

Die Ortlergruppe ist etwa 50 km lang und hat knapp 100 Gletscher. Der stark vergletscherte **Ortler** ist mit 3.897 m der höchste Berg Südtirols. Er gehört zur Gebirgsgruppe der Ortlergruppe und wurde erstmals im Jahre 1804 bestiegen.

Sextener Sonnenuhr

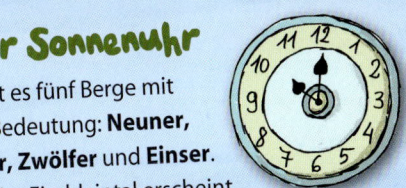

In Sexten gibt es fünf Berge mit besonderer Bedeutung: **Neuner, Zehner, Elfer, Zwölfer** und **Einser**. In Bad Moos im Fischleintal erscheint die Sonne am Neuner um neun Uhr. Zu jeder weiteren Stunde rückt die Sonne einen Berg weiter. Diese Bergsonnenuhr ist einmalig und wird wegen ihrer Lage Sextner Sonnenuhr genannt.

Der bekannteste Berg der Dolomiten ist der Schlern. Sehr beliebt ist die Schlernhütte, die von fünf Seiten erwandert werden kann.

Die **Königsspitze** liegt an der Grenze zwischen Südtirol und der Lombardei. Der Name des Gipfels weist auf seine königliche Stellung in den Ostalpen hin. Auch der Monte Livrio ist Teil der Ortlergruppe. Dieser Gletscher des Stilfser Jochs ist auf über 3.000 m auch im Sommer mit den Skiern befahrbar.

Wandern und Klettern

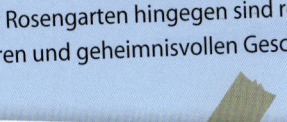
Drei Zinnen

Beliebt zum Wandern sind die **Drei Zinnen** in den Sextener Dolomiten. Gemeinsam mit dem Schlern und den Pragser Dolomiten ist es das am stärksten begangene Gebirge. Der Latemar und der Rosengarten hingegen sind reich an Sagenfiguren und geheimnisvollen Geschichten.

Reinhold Messner

Reinhold Messner ist nicht nur der bekannteste Extrembergsteiger Südtirols, sondern auch einer der **erfolgreichsten Bergsteiger** der Welt. Reinhold Messner bestieg 1978 als Erster ohne Sauerstoffgerät den Mount Everest, den höchsten Berg der Welt. Zwischen 1970 und 1986 kletterte er auf alle 14 Achttausender der Erde. Heute lebt Reinhold Messner auf Schloss Juval am Eingang von Schnals.

Berggipfel und Grenzgipfel

Berggipfel sind besondere Orte, an denen sich Himmel und Erde berühren. Daher waren Berge früher heilige Orte, an denen die Menschen gemeinschaftliche Kulte und Rituale abhielten.

Die Grenzgipfel Ortler, Königsspitze oder auch die Marmolata waren im Ersten Weltkrieg strategisch wichtige Kampfposten für den Hochgebirgskrieg.

Ich wusste gar nicht, dass die Dolomiten zu den schönsten Bergen der Welt gehören!

Ötztaler Alpen

Die **Hochwilde** ist ein Berg der Ötztaler Alpen. Er hat zwei Gipfel mit einem Höhenunterschied von nur 22 m. Der Berg liegt an der Grenze zu Österreich, vom Gipfel aus hat man einen guten Ausblick nach Tirol und Südtirol.

> Marie, schau mal, wie dieser Stein in der Sonne glitzert!

Gesteine

Gesteine sind feste Körper der Erde, die sich aus verschiedenen Teilen zusammensetzen und deren Bestandteile von Geologen untersucht werden. Sie erzählen von der Vergangenheit der Erde. In Südtirols Bergen und Tälern kommen verschiedene Gesteinsarten vor, die sich wiederum aus einem oder mehreren Mineralien zusammensetzen.

Kontinentalplatten

Die Gesteine des heutigen Südtirol stammen aus zwei Kontinentalplatten: **der afrikanischen und der eurasischen**. Als die riesigen Platten zusammengedrückt wurden, entstanden die Alpen. Noch heute erkennt man auf Satellitenbildern die Grenze zwischen den beiden Platten: sie heißt **Periadriatische Naht** und bildet die Grenze zwischen Ost- und Südalpen.

Laaser Marmor

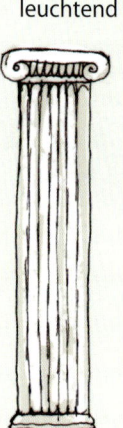

Aus umgewandeltem Kalkgestein oder Dolomitgestein entsteht Marmor, das leuchtend weiße Gestein. Der bekannteste ist der Laaser Marmor, der bereits von den Römern für **Meilensteine** verwendet wurde. Bis heute werden daraus Fliesen und Platten für Böden und Treppen, aber auch **Kunstwerke** gefertigt.

Die 3 wichtigsten Gesteinsarten:

1

2

3

Periadriatische Naht

Metamorphe Gesteine

haben sich im Laufe der Zeit durch den Einfluss von hohen Temperaturen oder großem Druck von einem ursprünglichen Gestein in ein anderes Gestein verwandelt. Zu den metamorphen Gesteinen gehören Gneise und Schiefer, Marmore und Quarzite.

Sediment- gesteine

sind durch Ablagerungen von Material am Boden entstanden. Das kann an Land oder im Meer sein. Zu den Sedimentgesteinen gehören der Kalkstein, der **Dolomit** und der Sandstein.

Verwandelter Gneis

In den Bergen der Zentralalpen sind metamorphe Gesteine zu finden, die sich aus alten Gesteinen und Meeresablagerungen zu **Gneis**, Schiefer, Marmor und Quarzit umgewandelt haben.

Gneis besteht hauptsächlich aus den **Mineralien** Feldspat, Quarz und Glimmer. Da Gneis poliert werden kann und frostbeständig ist, wird er vielfach als Naturstein verwendet. Bekannte Natursteine im Handel sind der Passeirer und der Pfitscher Gneis.

Magmatische Geteine

sind Gesteine, die aus dem **Magma** (flüssiges Gestein) entstanden sind. Die magmatischen Gesteine werden in Vulkanite und Plutonite unterschieden.

Porphyr und Basalt sind **Vulkanite**, Granit und Tonalit sind **Plutonite**.

Vulkanischer Porphyr

Das Gestein des **Bozner Porphyrs** stammt von Vulkangesteinen ab und heißt deshalb auch Etschtaler Vulkanitgestein. Als vor 290 Millionen Jahren riesige Vulkane die Decke aus Quarzit sprengten, schleuderten sie von unten eine große Menge an Lava, Asche und Tuff über das Quarzitgestein. Daraus entstand der **seltene Basalt aus Seis** oder der Porphyr, wie er in der Gegend um Bozen zu finden ist.

& Mineralien

Erdgeschichte

Wo sich heute die Dolomiten befinden, lag vor etwa 200 Millionen Jahren ein großes Meer. Durch das Auseinanderdriften der Erdkrustenplatten bildete sich zwischen Afrika und Europa das **Thetys-Meer.** Auf dem neu entstandenen Meeresboden lagerten Korallen, Muscheln, Schnecken und Algen kalkhaltige Schalen ab.

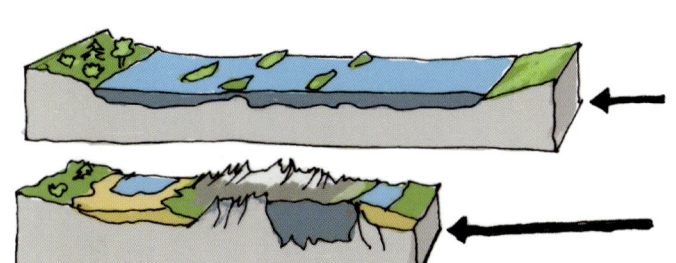

Im Laufe von Millionen von Jahren bildeten sich durch die Bewegungen der Erdplatten aus dem kalkigen Dolomitgestein die heutigen Berge der Dolomiten.

Geo-Parc

In der Gemeinde Aldein gibt es die Bletterbachschlucht, die vor 15.000 Jahren entstanden ist. Im **Geo Parc Bletterbachschlucht** können wie in einem Buch die **verschiedenen Schichten** der Entstehung der Erde nachgelesen werden.

Grödner Sandstein

Der rötliche Grödner Sandstein entstand in den Südalpen, als Wind und Wetter, Sonne und Hitze den Quarzporphyr zersetzten. Er kommt in der Bletterbach-Schlucht von Aldein, in Gröden, Mölten, auf dem Salten und Ritten vor.
Der Grödner Sandstein ist leicht zu formen und modellieren und wurde deshalb für zarte Teile bei gotischen Bauten verwendet, wie etwa beim **Bozner Pfarrturm.**

Mineralien

Gesteine setzen sich meist aus verschiedenen Mineralien zusammen. So besteht zum Beispiel der **Granit** aus Brixen aus den Mineralien Feldspat, Quarz und Glimmer. Mineralien unterscheiden sich durch ihre Farbe, ihre Härte oder die Form ihrer Kristalle.

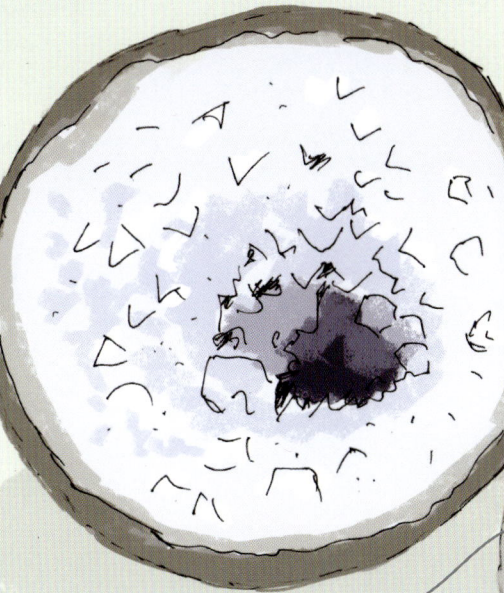

Teiser Kugeln

Sehr gut sind die bunten Mineralien in den Teiser Kugeln im **Mineralienmuseum in Teis** zu sehen. Die Kugeln haben sich aus Luftblasen im Quarzporphyr gebildet, mit den Mineralien Achat, Amethyst und Bergkristall in ihrem Inneren.

Bozner Quarzporphyr

Das Gebiet des Bozner Quarzporphyrs ist ein besonderes magmatisches Ereignis der Alpen. Es umfasst ein Gebiet von **4.000 Quadratkilometern** zwischen dem Laugen im Westen bis Gröden im Osten, zwischen Sarntal im Norden und dem Trentino im Süden.

Der Bozner Porphyr wird als Werkmaterial für Straßenpflasterung, Randsteine und Fassadenverkleidung verwendet. Man findet ihn im **Etschtal** bis Meran, im **Überetsch** und **Unterland** bis nach Trient, am **Salten, Sarntal, Ritten, Waidbruck** bis ins **Eggental**.

Weitere Gesteinsarten:

Magmatische Gesteine

- Basalt der Seiser Alm
- Brixner Granit
- Bozner Porphyr
- Tonalit aus dem Rieserferner

Metamorphe Gesteine

- Glimmerschiefer der Ostalpen
- Passeirer Gneis
- Quarzit aus Pfitsch
- Ratschingser und Laaser Marmor

Sedimentgesteine

- Grödner Sandstein
- Kalkstein
- Dolomit

Grenzen & Pässe

Rate mal, warum der Brenner der wichtigste Pass Südtirols ist…

Südtirol hat eine Fläche von 7.400 km² und liegt mitten in Europa. Das Land ist von Österreich, dem Trentino und der Schweiz unmittelbar erreichbar: Vom Norden fährt man über den Brennerpass ins Wipptal, von Osten über die Lienzer Klause ins Pustertal, vom Trentino über die Salurner Klause ins Unterland und im Westen über den Reschenpass in den Vinschgau.

Himmelsrichtungen

Die Himmelrichtungen dienen der geografischen Orientierung auf den Landkarten. Die vier Hauptrichtungen sind: Norden, Osten, Süden und Westen. *Im Osten geht die Sonne auf, im Süden ist ihr Mittagslauf, im Westen will sie untergeh'n, im Norden kannst du sie nicht seh'n.* Auf dem Kompass zeigt die Nadelspitze nach Norden und genau entgegengesetzt nach Süden, der Westen liegt links und der Osten rechts. Will man jedoch die Richtung noch genauer angeben, teilt man die Erde in acht gleiche Teile und man hat weitere vier Richtungen, die zwischen den Hauptrichtungen liegen: Nordosten, Südosten, Südwesten und Nordwesten.

Landesgrenzen und Sprachgrenzen

Nordtirol (Österreich)

Salzburg (Österreich)

Die Grenze zu Salzburg bildet die Birnlücke, welche vom Ahrntal ins Krimmler Achental führt.

Kanton Graubünden (Schweiz)

Osttirol (Österreich)

Im Unterschied zu den klaren geografischen Landesgrenzen verlaufen die kulturellen Sprachgrenzen fließend.

In Taufers im Münstertal wird zu fast 100 % deutsch gesprochen, im anliegenden Val Müstair Romanisch.

Provinz Sondrio (Lombardei - Italien)

Provinz Belluno (Venetien - Italien)

Eine weitere Sprachgrenze gibt es im Grödner Tal auf der Höhe von **Pontives**, denn Lajen ist deutschsprachig, die dahinterliegenden Dörfer ab St. Ulrich sind ladinischsprachig.

Der südlichste Ort, an dem deutsch gesprochen wird, ist **Salurn**. Der Ort selbst hat knapp 60 % italienischsprachige und knapp 40 % deutschsprachige Einwohner.

Provinz Trient (Trentino - Italien)

Eine Sprachgrenze zum Italienischen finden wir im **Fleimstal.** Nach Altrei beginnt die italienische Provinz Trentino. Die Gemeinde selbst zählt etwas unter 90 % deutsch- und etwas über 10 % italienischsprachige Einwohner.

BRENNER PASS 1374 m

Joch

Ein Joch bezeichnet eine Kerbe zwischen zwei Bergen, durch die ein Weg von einem Tal ins andere führt. In vorgeschichtlicher Zeit wurden Jöcher als Fuß- und Handelswege benutzt, wie auch der Fund des Ötzi am Tisenjoch zeigt. Einige Jöcher wurden später zu Passstraßen ausgebaut.

Pässe

Ein Gebirgspass ist ein befahrbarer Übergang über das Gebirge, der von einem Tal ins nächste führt. Wer von Norden nach Südtirol kommt, überquert immer die Alpen.
Nur an zwei Grenzpässen ist das Gebirge unter 1.800 m hoch: am Brenner und am Reschen. Der **Reschenpass** im Westen des Landes verbindet auf 1.507 m Österreich mit Südtirol, ebenso der **Brennerpass** im Norden auf 1.374 m.

Höchste befahrene Grenzübergänge

1. **Stilfser Joch** 2.757 m vom Vinschgau in die Lombardei (Italien) mit dem
2. **Timmelsjoch** 2.478 m von Passeier ins Ötztal (Österreich) mit dem
3. **Klammljoch** 2.294 m vom Reintal nach Osttirol (Österreich) mit dem
4. **Pfitscher Joch** 2.246 m von Pfitsch ins Zillertal (Österreich) mit dem
5. **Markinkele** 2.546 m von Pustertal nach Kärnten (Österreich) mit dem
6. **Sellajoch** 2.244 m von Gröden ins Fassatal (Italien) mit dem
7. **Valparola-Pass** 2.192 m von Gadertal nach Belluno (Italien) mit dem
8. **Stallersattl** 2.052 m von Antholz ins Defereggental (Österreich) mit dem
9. **Campolongo-Pass** 1.875 m vom Gadertal nach Buchenstein (Italien) mit dem
10. **Lavazèpass** 1.805 m vom Eggental ins Fleimstal (Italien) mit dem

STILFSER JOCH   **TIMMELS-JOCH**   **PFITSCHER JOCH**   **PENSER JOCH**

Jöcher

Das **Stilfser Joch** ist der höchste Gebirgspass Italiens. Es verbindet Südtirol mit der Lombardei, den Vinschgau mit der Provinz Sondrio. Die Passstraße ist nur zwischen Ende Mai und November befahrbar. Funde bezeugen, dass das Stilfser Joch bereits in der Bronzezeit und der Eisenzeit begangen wurde.

Das **Timmelsjoch** führt von Südtirol nach Österreich und verbindet Passeier mit dem Ötztal. Diesen Weg haben in der Frühzeit die alten Räter, im Mittelalter die Kaufleute der Fugger benutzt. Heute zeugt ein Passmuseum von vergangenen Zeiten.

Das **Pfitscher Joch** ist der Übergang von Pfitsch ins österreichische Zillertal. Er ist besonders bei Radfahrern und Wanderern beliebt.

Das **Penser Joch** und der **Jaufenpass** bilden einen Übergang innerhalb des Landes, das Penser Joch führt von Sterzing ins Sarntal, der Jaufenpass von Sterzing nach Passeier.

Täler

Südtirol hat fünf große Täler: Das Wipptal im Norden, das Eisacktal in der Mitte, das Pustertal im Osten, den Vinschgau im Westen und das Etschtal mit dem Unterland im Süden. Von diesen fünf Haupttälern zweigen an die 45 Seitentäler ab.

In der letzten Eiszeit gab es in Südtirol eine Vielzahl an Gletschern. Die wichtigsten davon waren der Etschgletscher, der Eisackgletscher und der Rienzgletscher. Ihr Wasserbett und die großen Mengen an Wasser spülten die heutigen Haupttäler heraus.

Langtaufers

Ursprünglichkeit

Langtaufers im Vinschgau hat besonders steile Lärchenhänge. Der tiefste Hof liegt auf 1.500 m, der höchste Ort liegt auf 1.915 m, es ist der Weiler Melag.

Schafübertrieb

In Schnals werden jährlich im Juni die Schafe ins österreichische Ventertal getrieben. Bekannt wurde das Tal aber durch den Fund des Ötzi 1991 am Similiaun im Schnalstaler Gletscher. Schnals hat außerdem die älteste und größte Seilbahnanlage Südtirols, die **Schnalstaler Gletscherbahnen.**

Reschensee · *Münstertal* · *Glurns* · *Trafoi* · *Schnals* · *Vinschgau* · *Etsch* · *Meran* · *Ridnaun* · *Ratschings* · *Passeier* · *Sarntal* · *Etschtal* · *Martell* · *Ulten* · *Bozen* · *Leifers* · *Unterland*

Erdbeerland

Martell ist bekannt für seine Erdbeerfelder. Es ist das höchst gelegene geschlossene **Erdbeeranbaugebiet** Europas.

Etschtal

Typisch für den Vinschgau sind die hohen Berge zu beiden Seiten des Tales und der **Vinschger Wind**. Dieser Wind biegt sogar die Bäume entlang der Straße. Ab Meran verändert sich die Landschaft. Anlagen mit **Apfelbäumen** und **Weinreben** füllen das weite Etschtal aus, das ab Meran Burggrafenamt genannt wird und von Bozen bis Salurn Unterland heißt. Die schönste Zeit im Etschtal ist Ende April, wenn das Tal in voller Blüte steht.

Pustertal

Das 100 km lange Pustertal verläuft von der Lienzer Klause bis zur Mühlbacher Klause bei Brixen. Durch dieses Tal fließt die Rienz. Das Pustertal im Westen wird auch „grünes Tal" genannt. Dort trifft man auf weite Wiesen und Felder, Wälder und Hochplateaus, aber auch auf zahlreiche Seen.

Das **Hochpustertal**, der östliche Teil des Pustertals, gehört teils zu Südtirol, teils zu Osttirol. Auf Südtiroler Seite gehören zum Hochpustertal die Dörfer Prags, Niederdorf, Toblach, Innichen und Sexten.

Eisacktal

Kennzeichnend für das rund 83 km lange Tal des Eisacks sind im oberen **Wipptal** die hohen Berge. Im unteren Teil ab Franzensfeste hingegen findet man auf sonnigen Terrassen in mittleren Lagen eine Vielzahl an Dörfern aneinandergereiht. Das Eisacktal reicht bis zur Etschmündung bei Bozen.

Längstes und kürzestes Tal

Das längste Tal Südtirols ist das **Tal der Etsch**, das rund 134 km lang ist und vom Reschenpass bis nach Salurn reicht.

Das kürzeste Tal ist das **Fischleintal**, das 4,5 km von Moos in Sexten bis zur Talschlusshütte führt.

Bergbau

In **Ridnaun** wurde einst Silber, Blei und Erz abgebaut, davon zeugt das Bergbaumuseum Ridnaun. Zugleich ist in Ridnaun das höchst gelegene Bergwerk Europas beheimatet.

Pflersch hingegen wird das Silbertal genannt, da für lange Zeit Silber abgebaut wurde.

Reinbachfälle

Die bedeutendsten Sehenswürdigkeiten des **Tauferer Ahrntales** sind die Reinbachfälle und der Naturpark Rieserferner-Ahrn. Das Tauferer Ahrntal ist das nördlichste Seitental Südtirols, es umfasst die Seitentäler Mühlwalder- und Reintal.

Schmuggler

Das **Gsiesertal** ist neben Langtaufers und Lüsen eines der unberührtesten Täler Südtirols. Über die Berge von Gsies führten zu Beginn des 20. Jh. zahlreiche Schmugglerwege ins nahegelegene Österreich.

Viles

Das **Gadertal** gehört neben Gröden zu den Dolomitentälern, in denen bis heute ladinisch gesprochen wird. Typisch für das Gadertal sind die Viles, kleine Wohnsiedlungen, die nach Art der rätischen Tambra (alpine Berghütten) gebaut wurden.

Jede Siedlung bildet ein eigenes Dorf mit einem gemeinsamen Brunnen, Tränken und Backofen.

Skigebiet

Gröden ist eines der bekanntesten und größten Winterskigebiete Südtirols. Es gibt dort über 80 Aufstiegsanlagen, 175 km Abfahrtspisten und 115 km Langlaufloipen. In Gröden wird bis heute ladinisch gesprochen.

Alex, schau, was es in unseren Tälern alles zu erleben gibt!

Flersch · Pfitsch · Sterzing · Vals · Pfunders · Ahrntal · Wipptal · Pustertal · Taufers · Antholz · Gsiesertal · Brixen · Gadertal · Bruneck · Gsies · Rienz · Hochpustertal · Lüsen · Eisacktal · Villnöss · Klausen · Eisack · Gröden · ...ggental

73 MITÄLER

Flüsse, Bäche & Quellen

Ein Fluss ist ein fließendes Gewässer an der Oberfläche der Erde. Einen großen Fluss nennt man Strom, einen kleinen Fluss Bach. Bäche und Flüsse entspringen meist an Quellen, wo Wasser aus dem Erdinneren an die Oberfläche strömt.

Etsch

Die Etsch ist der wichtigste Fluss Südtirols und der zweitlängste Fluss Italiens. Die Etsch entspringt am **Reschenpass** und mündet südlich von Chioggia in das Adriatische Meer. 140 km der 410 km langen Etsch fließen durch Südtirol. Der Lauf der Etsch wurde in weiten Teilen reguliert und begradigt und die Gefahr von Hochwasser durch Uferdämme gebannt.

Etsch 140 km lang

Eisack

Der Eisack ist mit 95 km der zweitlängste Fluss Südtirols. Seine Quelle liegt am **Brenner** auf 1.990 m Höhe. Der Fluss durchfließt das Wipptal und das Eisacktal und mündet südlich von Bozen in die Etsch.

Eisack 95 km lang

Energiequelle

Wasser ist eine wichtige Energiequelle. Es wird zur **Erzeugung von Strom** genutzt. Das Wasser des Eisacks etwa wird bei Franzensfeste, das Wasser der Rienz bei Mühlbach gestaut. Daraus wird Strom für das Kraftwerk in Brixen gewonnen.

Rienz 80 km lang

Rienz

Die Rienz im Pustertal entspringt am Fuße der **Drei Zinnen** auf 2.200 m. Sie durchfließt das Pustertal und mündet bei Brixen in den Eisack.

Nebenflüsse

Neben den drei Hauptflüssen gibt es weit über **40 wichtige Nebenflüsse** in Südtirol. Aus nahezu jedem Tal fließt ein Bach in Etsch, Eisack oder Rienz.

Wasser

Im Wasser des Himmels und der Erde liegt der **Ursprung** des Lebens. Der Mensch wird aus dem Wasser geboren und besteht zu 90 % aus Wasser. Wasser bringt neues Leben, kann aber auch durch seine enorme Kraft, etwa bei Überschwemmungen, ganze Häuser zerstören.

Flussnamen

In der Vergangenheit hatten die Flüsse unterschiedliche Namen, je nach Volk, das in den Alpen siedelte. Aus vorindoeuropäischer Zeit stammen die Worte **Iz, Is** für fließendes, schnell reißendes Gewässer. **Athesis,** der alte Name der Etsch, trägt die Wortwurzel **IS** ebenso in seinem Namen wie **Isac,** der alte Name des Eisacks. Aus dem Indoeuropäischen hingegen stammt **Pirra,** der ursprüngliche Name der **Rienz**. Pirra (oder Bhiera) bezeichnet einen rauschenden Wildbach.

Kläranlagen

Kläranlagen reinigen das Abwasser von Industriebetrieben und Haushalten. Erst wenn das verschmutzte Wasser die Kläranlage durchlaufen hat, darf es wieder in Flüsse und Seen geleitet werden. Das Abwasser des **oberen Pustertales** etwa wird in der Kläranlage Wasserfeld von **Welsberg** gereinigt.

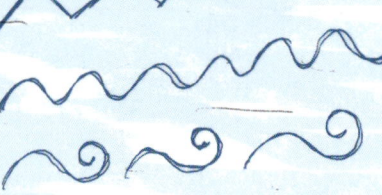

In frühester Zeit wurde Wasser in Form von Zickzacklinien, Schlangenlinien oder Spiralen dargestellt.

Transport über Wasser

Der Name der **Plima im Martell** stammt von aufgeschichteten Baumstämmen. Auf den Bächen wurde Holz aus den umliegenden Wäldern geflößt. Um das Holz abtransportieren zu können, wurde der Bach aufgestaut und so der Transport von Stämmen erleichtert. Diesen Vorgang nannte man „klausen".

Schifffahrt auf der Etsch

Im Mittelalter wurde die Etsch ab Bozen von Schiffen mit bis zu 20 m Länge befahren. Kaufleute transportierten flussaufwärts Getreide und Waren für die Bozner Messe. Die Besitzer der Schiffe wurden **Flößer** genannt. Die Waren wurden bei Branzoll ausgeladen, wo noch Reste eines Hafens zu erkennen sind.

Trinkwasser

Mit Wasser reinigen wir uns, waschen unsere Wäsche und Wasser trinken wir. Das Trinkwasser in Südtirols Haushalten fließt aus **1.500 Trinkwasserleitungen**. Dieses aufbereitete Wasser stammt aus Quellen und Brunnen, aber auch aus Seen.

Natürliches **Mineralwasser** hingegen kommt aus unterirdischen Quellen, die natürliche Mineralien wie Eisen und Mangan, Aluminium und Lithium, Sulfate, Chrom, Jod, Fluor, Barium, Zink, Kupfer (und andere mehr) enthalten. In Südtirol gibt es über 30 Mineralwasserquellen.

Wasser als Grenze

Bäche und Flüsse bildeten früher wichtige Grenzen. So war zum Beispiel der heute unscheinbare **Thinnebach** nach 1027 eine wichtige Grenze zwischen:

Diözese Brixen	Diözese Trient
Grafschaft Bozen	Grafschaft Norital
Gericht Villanders	Gericht Latzfons
Grafschaft Tirol	Hochstift Brixen

aaahh ... ist dddas kkalt!!!

Lebensraum und Bewässerung

Das Wasser bietet nicht nur wertvolles Trinkwasser für den Menschen, sondern ist auch ein wichtiger Lebensraum für Tiere und Pflanzen. Mit Hilfe des Wassers werden Wiesen und Felder bewässert. So wird zum Beispiel das Wasser der Etsch zur Bewässerung der Obstanlagen genutzt, sei es im Frühjahr zur **Frostschutzberegung** als auch im Sommer bei längeren Trockenzeiten.

Schneekanonen

Wenn es im Winter zu wenig schneit, wird zusätzlicher Schnee von Schneekanonen erzeugt. Um solch einen **künstlichen Schnee** herzustellen, braucht es Wasser. Dieses wird aus eigens angelegten Wasserspeichern abgepumpt.

Stürzende Wasser

Ein Wasserfall ist ein einzigartiges Naturschauspiel. Große Wassermassen stürzen über eine Felswand in die Tiefe.

Den **höchsten Sturz** des Wassers in freiem Fall (ohne Kaskaden) mit 135 m Höhenunterschied gibt es bei den Fragsburger Wasserfällen bei Meran zu sehen.

Ebenso **spektakulär** sind die Barbianer Wasserfälle, wo der Ganderbach in 8 Kaskaden 200 m in die Tiefe fällt.

Als die **schönsten Wasserfälle** werden jene von Partschins beschrieben, wo während der Schneeschmelze pro Sekunde 10.000 Liter Wasser in die Schlucht fallen.

Tal der Wasserfälle

Passeier ist das Tal der Wasserfälle, denn dort gibt es eine Vielzahl an Wasserfällen: jene des Glaitenbaches, des Guflbaches, des Salderner Baches, der Passer, des Stulser Baches oder des Pfelderer Baches.

Die **längsten Wasserfälle** Südtirols sind die Stuller Wasserfälle mit bis zu 230 m Fallhöhe. Sie sind auch die drittgrößten Wasserfälle in Europa.

Seen & Weiher

In Südtirol gibt es 176 Seen, die größer sind als ein halber Hektar (ha). Die größten davon sind der Kalterer See und der Haidersee mit mehr als 50 Hektar Fläche. Die meisten Seen Südtirols liegen über 1.000 m, einige auch über 2.000 m Meereshöhe.

Bergseen

Im Hochpustertal in Prags liegt der smaragdgrüne **Pragser Wildsee**. Am Seekofel soll ein verschüttetes Tor zur Unterwelt liegen, weshalb der Seekofel bis heute auf ladinisch Sass dla Porta (Torberg) heißt. Besonders schön ist auch der **Hochalpensee** zwischen Prags und dem Gadertal.

Am Ende des Pustertals liegt der **Toblacher See**. Rund um den See gibt es nicht nur einen Naturlehrpfad, sondern auch fünf Bunker aus dem Zweiten Weltkrieg.

Im Höhlensteintal liegt auf 1.406 m der **Dürrensee**, der sich trotz seiner hohen Lage zum Schwimmen eignet.

Südtirols Seen

Als **Badeseen** gelten natürliche oder künstlich angelegte Seen, in denen man im Sommer schwimmen kann. **Bergseen** sind Seen im Gebirge, die aber meist zum Schwimmen zu kalt sind. **Weiher** hingegen sind natürliche stehende Gewässer ohne Zufluss und Abfluss. Im Unterschied dazu werden **Teiche** und auch **Stauseen** künstlich angelegt.

Weiher

Der **Felixer Weiher** ist auf 1.604 m der höchst gelegene Badesee Südtirols. Er liegt mitten im Wald am Nonsberg und ist von einem Parkplatz aus in 45 Minuten zu Fuß zu erreichen.

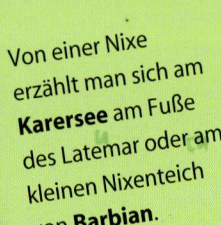

Von einer Nixe erzählt man sich am **Karersee** am Fuße des Latemar oder am kleinen Nixenteich von **Barbian**.

Wasserfrauen

Der Sage nach leben in Teichen und Seen je nach Gebiet und Kultur unterschiedliche Wasserwesen: Nixen und Nymphen, aber auch geheimnisvolle Wasserjungfrauen und Anguanas.

Am **Pragser Wildsee** soll die Königin Dolasilla auf einem Boot durch einen Eingang am Seekofel in ihr unterirdisches Fanesreich gelangt sein und am **Lagazuoi See** im Gadertal ist so manch ein Wanderer einer Anguana begegnet.

Regenbogensee

Der **Karersee** wird als einer der schönsten Alpenseen bezeichnet, weshalb er auch in zahlreichen Sagen und zauberhaften Geschichten erwähnt wird. Im Ladinischen wird er wegen seiner Farbenvielfalt sogar Regenbogensee (Lec de ergobando) genannt.

Badeseen

Badeseen sind im Sommer zum Schwimmen sehr beliebt. Von den 8 Badeseen ist der Kalterer See der größte und der Völser Weiher der kleinste.

Der **Kalterer See** im Überetsch ist mit bis zu 28° Celsius zugleich der wärmste Badesee der Alpen.

Der **Große Montiggler See** und der **Kleine Montiggler See** befinden sich nebeneinander mitten im Montiggler Wald bei Eppan. Während der Große Montiggler See 17,8 ha groß ist, ist sein „kleine Bruder" mit 5,2 ha etwa ein Drittel groß.

Superlative

Der **tiefste Bergsee Südtirols** ist der Wilde See in den Pfunderer Bergen mit 46 m Tiefe. Stauseen sind noch tiefer: der Zufritt Stausee, der Neves Stausee und der Grünsee sind etwa 80 m tief.

Der **höchste See Südtirols** ist der Matscherjochsee auf 3.188 m Meereshöhe. Im Tal von Matsch liegen auf knapp 3.000 Metern auch die sieben Saldurseen. Sie sind die höchst gelegene Seengruppe Südtirols.

Wölfe am See

Am Ritten liegt der Wolfsgrubner See. Er wurde nach einstigen Gruben zum Fangen von Wölfen benannt:

Grube mit Stroh überdeckt — Wolf

lebendes Tier

Wolf

Hinein ins kühle Nass!

In den Stauseen wird das Wasser der Flüsse künstlich gestaut. Die wichtigsten Stauseen sind:
- Reschenstausee
- Vernagter Stausee
- Zoggler Stausee
- Welsberger (oder Olanger) Stausee
- Arzker Stausee
- Mühlbacher Stausee
- Franzensfester Stausee

Der **Reschensee** ist mit 660 ha der größte Stausee Südtirols. Der Kirchturm, der mitten aus dem See ragt, erinnert an das Dorf Alt-Graun mit 163 Häusern, die 1950 bei der Errichtung des Stausees überschwemmt wurden.

Die größten Badeseen:

1. Kalterer See — 216 m Höhe — 140 ha

2. Haidersee — 1450 m Höhe — 89 ha

3. Antholzer See — 1642 m Höhe — 43,3 ha

4. Pragser Wildsee — 1496 m Höhe — 31 ha

5. Großer Montiggler See — 492 m Höhe — 17,8 ha

6. Toblacher See — 1259 m Höhe — 14,3 ha

7. Durnholzer See — 1545 m Höhe — 12,4 ha

Kleinste Seen

Weitere kleinere Seen sind
- ✓ der **Vahrner See** von Vahrn
- ✓ der **Fennberger See** am gleichnamigen Berg
- ✓ der **Dürrensee** im Höhlensteintal
- ✓ der **Lagazuoisee** am Dolomitenhöhenweg in St. Kassian in Abtei
- ✓ die **Spronser Seen** mit zehn größeren und kleineren Seen im Naturpark Texelgruppe.

Naturparke

Ein Naturschutzgebiet ist ein geschützter Lebensraum für Tiere und Pflanzen. Um die Vielfalt an Pflanzen und Tieren zu erhalten, wird wird die intakte Natur der Naturparke und Biotope geschützt. Jeder Naturpark hat ein Naturparkhaus, das über die Natur und Kultur des Gebietes informiert. Zusätzlich geben die vielen Naturerlebniswege Einblicke in das Leben der dort beheimateten Pflanzen und Tiere.

Seit 2009 gehören die Dolomiten mit den darin liegenden Naturparken zum UNESCO-Weltnaturerbe. Als Weltnaturerbe gelten die wichtigsten Naturdenkmäler der Welt.

Naturpark Texelgruppe

Fläche: 31.391 ha
Gründung: 1976

Wasser und Licht

Das Naturparkgebiet Texelgruppe im Vinschgau ist der größte Südtiroler Naturpark. Es umfasst die Gebirgsgruppe der **Texelgruppe**, wo es in rund 20 Seen reichlich Wasser gibt. Allein die Spronser Seen machen eine Gruppe von 10 Seen aus. Eine weitere Attraktion ist auch der Partschinser Wasserfall, dessen Wasser rund 97 Meter in die Tiefe stürzt.

Das Naturparkhaus widmet sich ganz dem **Wasser und Licht** und befindet sich in der Mittelschule Naturns. Es erzählt von Waalen, Quellen, Teichbiotopen und ihren Bewohnern.

Nationalpark Stilfser Joch

Fläche: 130.700 ha
Gründung: 1935

> Mmmh, ich freu mich schon auf mein selbst gebackenes Brot!

Nationalpark Stilfser Joch

Der Nationalpark Stilfser Joch ist das **einzige Nationalparkgebiet** Südtirols und zugleich das größte geschützte Gebiet Südtirols. Es reicht vom oberen Vinschgau bis in die Lombardei. Aufgrund seiner Größe hat der Nationalpark vier Nationalparkhäuser, eines in Prad am Stilfser Joch, eines in Martell, eines in St. Gertraud in Ulten und eines in Trafoi.

Jedes dieser Häuser behandelt ein anderes Thema. Sehenswert im Nationalpark sind der Steinadler und der Bartgeier, die mit viel Erfolg geschützt und wieder angesiedelt werden.

Sichtbares und Unsichtbares

Der **Naturpark Trudner Horn** ist der südlichste der Südtiroler Naturparkgebiete. Er liegt im Südtiroler Teil der Fleimstaler Alpen. Das Haus des Naturparks befindet sich in einer alten elektrischen Mühle im Dorfzentrum von Truden, wo Kinder Getreide mahlen und Brot backen können. Im Naturparkhaus kann man auch Flachs brechen und Sagen rund um das Gebiet des Trudner Horns hören.

Naturpark Trudner Horn

Fläche: 6.851 ha
Gründung: 1980

Sichtbar an diesem Gebiet sind die vielen **Waldarten**: der submediterrane Buschmischwald über den Lärchen-Zirbenwald hin zum subalpinen Fichtenwald. Unsichtbar sind die unzähligen Arten an Kleintieren wie Bakterien, Pilze, Algen, Moose und Insekten, die im abgestorbenen Holz der Wälder wohnen.

Alpen-Soldanelle

Gletscher und Grenzen

Das zweitgrößte Südtiroler Naturparkgebiet ist jenes der **Rieserferner-Ahrn**, es befindet sich im Norden Südtirols im Ahrntal. Zu diesem Gebiet gehören die Rieserfernergruppe, die Durreckgruppe sowie Teile der Venedigergruppe und der Zillertaler Alpen mit den meisten **Gletschern** auf Südtiroler Gebiet.

Nahe der Grenze zum Eis wachsen Pflanzen, die sich gekonnt an das raue Klima anpassen. Dazu gehören das zarte Alpen-Mannschild, die Alpen-Soldanelle, das Zweiblütige Sandkraut, die Alpenmargerite und das Zwerg-Ruhrkraut.

Geschichtsbuch der Erde

Ebenso wie der Naturpark Drei Zinnen befindet sich auch der **Naturpark Puez-Geisler** in den Dolomiten. Er umfasst die Gebiete rund um die Geislergruppe, die Peitlerkofelgruppe und die Puezgruppe. Sein Naturparkhaus kann in St. Magdalena in Villnöss besichtigt werden.

Sehenswert sind die typischen **Gesteinsarten** der Dolomiten, die im Naturparkhaus ausgestellt sind: Porphyr, Grödner Sandstein, Dolomit, Kreidegestein und Schneckenfossilien, die sich im Laufe der Jahre im früheren Tethys-Meer der Dolomiten abgelagert haben.

Naturpark Rieserferner-Ahrn

Fläche: 31.320 ha
Gründung: 1988

Naturpark Puez-Geisler

Fläche: 10.722 ha
Gründung: 1978

Naturpark Fanes-Sennes-Prags

Fläche: 25.453 ha
Gründung: 1980

Naturpark Drei Zinnen

Fläche: 11.635 ha
Gründung: 1981

Naturpark Schlern-Rosengarten

Fläche: 7.291 ha
Gründung: 1974

Das Reich der Tiere

An den Naturpark Drei Zinnen grenzt unmittelbar das **Naturparkgebiet Fanes-Sennes-Prags**. Wie der Name sagt, befindet sich dort sowohl der Pragser Wildsee als auch das Gebiet der Fanes und Sennes-Almen. Das Naturparkhaus ist in St. Vigil in Enneberg zu besichtigen.

Bekannt ist dieses Gebiet für seine **reiche Tierwelt,** hier wohnen Murmeltiere, Gämsen, Schneehasen, Birkhühner, Kreuzottern und auch Steinadler.

Alte Kulturen

Der **Naturpark Schlern – Rosengarten auf** der Seiser Alm liegt in den Gebieten der Gemeinde Kastelruth, Völs und Tiers. Er ist der erste und damit älteste Naturpark, sein Naturparkhaus liegt am Eingang des Tschamintales bei Weißlahnbad.

Typisch für dieses Gebiet ist der Schlern als bedeutendes **Wahrzeichen** von Südtirol. Bereits in frühester Zeit haben sich alte Kulturen etwa am Gschlier niedergelassen und sowohl am Burgstall als auch am Rungger Egg wurden Rituale zelebriert.

Alte Pflanzenarten sind hier die Moretti-Glockenblume und die Schopfige Teufelskralle. Sie haben sogar die Eiszeit in den südlichen Alpen überlebt.

Schopfige Teufelskralle

Bergriesen

Der **Naturpark Drei Zinnen** in den Sextner Dolomiten liegt zum größten Teil im Hochgebirge und umfasst die Gemeinden Sexten, Innichen und Toblach im Pustertal. Sein Naturparkhaus befindet sich im Kulturzentrum Grand Hotel in Toblach.

Der höchste Berg im Naturpark ist der Zwölfer mit 3.094 m, der größte See ist der Dürrensee im Höhlensteintal. Die bekanntesten Berge aber sind die unverkennbaren Drei Zinnen.

Erzählt werden im Naturparkhaus Geschichten von bekannten **Bergsteigern** und mächtigen **Bergriesen** wie den Drei Zinnen, der Dreischustergruppe und dem Haunold.

Naturdenkmäler

In Südtirol gibt es Denkmäler, die der Mensch erschaffen hat, und Denkmäler, die die Natur erschaffen hat. Ist ein solches Naturdenkmal von besonderer Bedeutung, wird es unter Denkmalschutz gestellt.

Ein Naturdenkmal kann ein einzelnes Objekte sein: ein Baum, eine Quelle, ein Felsen, eine Höhle oder ein Mineralienvorkommen. Es kann eine Gruppe von Objekten sein (wie etwa die Eislöcher) oder auch ein bestimmtes Gebiet (wie etwa Biotope, Wasserfälle, Seenlandschaften) oder eine Landschaft (wie die Erdpyramiden).

In Südtirol gibt es 1.082 geschützte Naturdenkmäler, davon sind 448 Bäume, 218 Steine oder Felsen und 416 Objekte, die mit dem Wasser in Verbindung stehen.

Bletterbachschlucht

Besonders beeindruckend ist die Bletterbachschlucht bei **Aldein**, ein geologisches Naturdenkmal. Sie erstreckt sich über 12 Kilometer mit einem Höhenunterschied von 2.000 Metern. Besonders an der Schlucht ist nicht nur ihr hohes Alter (sie soll 15.000 Jahre alt sein), sondern auch die verschiedenen **Gesteinsschichten**, die sich dort abgelagert haben und in der Schlucht sehr gut erkennbar sind.

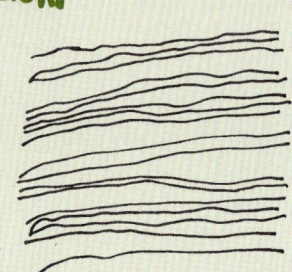

Vier Elemente

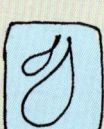

Naturphilosophen aus vorchristlicher Zeit haben herausgefunden, dass alles Leben der Erde aus vier Grundelementen besteht: **Wasser, Luft, Feuer und Erde.** Spätere griechische Philosophen wie Aristoteles haben diesen vier Elementen bestimmte Eigenschaften zugeordnet wie aktiv und passiv, warm und kalt, feucht oder trocken. Das Wissen um die vier Elemente wird heute verstärkt in der Naturheilkunde und in der Ernährung eingesetzt.

Biotope

Biotope sind geschützte Lebensräume für seltene Tiere und Pflanzen. Um die wertvollen Lebensräume für Pflanzen und Tiere zu erhalten, werden in Biotopen keine Pflanzen gepflückt, die Tiere nicht gestört und schon gar nicht Straßen oder Häuser gebaut.

In Südtirol gibt es **175 geschützte Biotope.** Das bekannteste Biotop ist Castelfeder in der Gemeinde Montan, das sich über eine Fläche von 108 ha erstreckt.

Stoanerne Mandln

Steinmännchen sind aufeinandergestapelte Steine, die aussehen wie Männchen oder Türme. Sie sind **Wegzeichen** in der Natur und wurden früher in den Bergen als Wegmarkierung aufgestellt. Lange vor der Erfindung von Straßenschildern dienten die Stoanmandln als Hilfe zur Orientierung auf den Bergen.

Solche Stoanmandln gibt es im Sarntal, in Vals im Pustertal und in Planeil im Obervinschgau.

Die höchste Anzahl an Steinmännchen ist im Sarntal auf 2.003 m Meereshöhe zu sehen.

Nachweislich gibt es dort Stoanerne Mandln seit dem Jahr 1540.

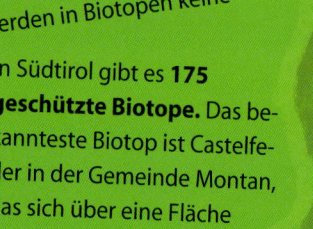

Gilfenklamm

Besonders enge Schluchten nennt man Klammen. Am Ausgang des Tales **Ratschings** gibt es die Gilfenklamm. Sie ist 50 Meter tief, an die 400 Meter lang und in Marmorstein eingeschnitten.

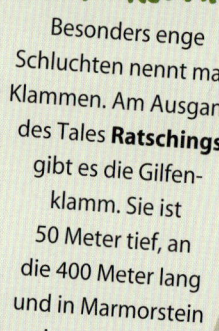

Weinrebe

In Prissian bei Tisens gibt es eine Rebe, die als die **größte Weinrebe** Europas bezeichnet wird. Sie heißt Versoaln und hat ein Laubdach mit einer Fläche von 300 m². Außerdem ist sie mit ihren 350 Jahren eine der ältesten Weinreben in Europa.

Erdpyramiden

Erdpyramiden sind lange dünne Erdtürme, die wie Erdmännchen aussehen. Deshalb werden die Erdpyramiden auch als **Erdmandln** bezeichnet. Die Türme haben die Form eines Kegels mit Steinplatten als eine Art Kopf. Diese Platten schützen den Turm vor dem Regen und so bleibt die „Pyramide" länger erhalten.

Die Erdpyramiden am Ritten sind mit bis zu 30 Meter Höhe die höchsten Europas. Solche eigenwillige Männchen gibt es außerdem in Terenten, Mölten, Jenesien, Dorf Tirol, Steinegg, Kuens und Percha.

2000 Jahre

Antrische Felsen

Am Ausgang des Tales **Langtaufers** gibt es einen Felsen, den die Leute Krampusloch nennen. Seine Form und auch seine Farben ähneln einer düster aussehenden Gestalt. Vom Tal ist das Naturdenkmal gut sichtbar, aus der Nähe ist es nur mit einem Führer zu besichtigen.

Mammutbäume

Mammutbäume sind besonders alte Bäume mit einem auffallend **dicken Stamm**. Fünf Mammutbäume stehen an der Straße nach Fennberg. Sie sind 35-40 Meter hoch und haben einen Umfang von 4,5 Metern. Sie sind mit etwa 100 Jahren verhältnismäßig jung.

Urlärchen

Als besonders alt gelten auch die Urlärchen von St. Gertraud. Sie sind über 8,20 Meter dick und sollen über 2.000 Jahre alt sein. Die Urlärchen stehen in einer **Dreiergruppe** zusammen, im Inneren der dicksten Lärche können sich sogar mehrere Personen zugleich aufhalten.

Hexenbänke

Andere Formen von Felsen gibt es am Puflatsch auf der Seiser Alm. Die sogenannten Hexenbänke passen genau für zwei Personen, haben steinerne Sitz- und Fußflächen, sowie Arm- und Rückenlehnen.

Die **Hexenstühle** hingegen sind oberhalb von Kastelruth zu finden. Es sind ebenso Doppelsitze aus Steinen, die möglicherweise aus der Früh- und Urgeschichte stammen.

Warme Luft

Neben kalten Winden, strömt zuweilen auch warme Luft von Spalten unter der Erde an die Oberfläche. Solche Warmluftquellen gibt es nahe der Rosszähne am Mitterberg über dem **Kalterer See.**

Kalte Luft

Eislöcher liegen in einer Vertiefung im Berg, der einige Hohlräume und Spalten aufweist. Aus den Ritzen strömt ein eiskalter Wind mit Temperaturen zwischen 0 und 9 Grad.

Solche Eislöcher findet man am **Gandberg** zwischen Eppan und Kaltern, auf einem Gebiet von 200 m Länge und 40 m Breite. Im Umkreis der Eislöcher wachsen wegen der niedrigen Temperaturen Pflanzen, die sonst nur im Hochgebirge zu finden sind. Weitere Eislöcher gibt es in Kaltenbrunn und bei Rasen Antholz.

0-9°

Phänomenal, was die Natur alles hervorzaubert!

Wetter & Klima

Südtirol liegt mitten in den Alpen. Diese Lage hat einen großen Einfluss auf das Wetter und das Klima im Land. Je nach Klimazone und geografischer Lage, ob auf dem Berg oder im Tal, im Süden oder Norden, sind Wetter und Klima verschieden.

Klima ist all das, was an Wetter in der Atmosphäre über einen längeren Zeitraum beobachtet und gemessen werden kann. Das Wetter hingegen ist der kurzfristige Zustand der Atmosphäre, der in Form von Sonnenschein, Wolken, Regen, Wind, Hitze oder Kälte zu spüren ist.

Eine Besonderheit stellt der Vinschgau dar, er ist eines der trockensten Gebiete der Alpen. Das Klima in Schlanders kann fast als **trockenes Steppenklima** bezeichnet werden.

In den höheren Lagen bis auf 2.000 m spricht man von einem **kühlen Schnee-Wald-Klima**. Oberhalb von 2.000 m findet sich ein kaltes Schneeklima mit nur kurzen Sommern. Dies ist etwa in den höheren Lagen des Hochpustertales der Fall.

Klimazonen

Das Klima Südtirols hängt eng mit seiner **Berglandschaft** zusammen. Die klimatischen Bedingungen ändern sich mit zunehmender Meereshöhe. So entstehen auf kleinem Raum mehrere Klimazonen.

Kaltes Schneeklima

Kaltes Schneeklima

Trockenes Steppenklima

Warm gemäßigtes Klima

In den Tälern unterhalb von etwa 1.200 m gibt es ein sogenanntes **warm-gemäßigtes Klima**. Dieses erstreckt sich über das Etschtal von Meran bis Salurn.

Insgesamt gilt für Südtirols Klima: Im Süden ist das Klima wärmer, im Westen trockener, in den Höhenlagen kälter.

Niederschläge

Die Menge an Regen und Schnee wird in Millimetern gemessen. Vor allem für Bauern ist die Menge an Niederschlägen für ihre Pflanzen wichtig, sie messen regelmäßig die Niederschläge auf ihrem Feld mit einem **Regenmessgerät**.

Die meisten Niederschläge gibt es mit über 2.000 mm pro Jahr entlang des Alpenhauptkammes und der Ortlergruppe. Die geringsten Niederschläge mit unter 600 mm im Jahr werden im Vinschgau verzeichnet. Das hängt unmittelbar mit der geschützten Lage des Vinschgaus zwischen dem Alpenhauptkamm und der Ortlergruppe zusammen, weil das Tal längs des Gebirgskammes liegt und die Niederschläge durchziehen.

Geografische Lage

Jedes Kind weiß, dass es in den Bergen kälter und im Tal wärmer ist. Eine Ausnahme bildet jedoch die **Inversion**. Das ist eine Wetterlage, bei der die kalte Luft in die Täler fließt und es in den Bergen ungewöhnlich warm wird. Da Südtirol südlich der Alpen liegt, halten die Berge oft die kalte Luft oder Niederschläge aus dem Norden ab. Niederschläge fallen dadurch bis zum Brenner, im südlichen Tirol bleibt es trocken. Ähnlich verhält es sich bei Luft und Niederschlägen aus dem Süden, die sich vor den Alpen stauen und abfallen. Hier spricht man von **Südstaulagen**.

Temperaturen

Die Temperatur wird in Grad Celsius (°C) gemessen.

Tiefste gemessene Temperaturen im Winter 2013

-6 °C Bozen

-20 °C Toblach

°C

50
40
30
20
10
0
-10
-20
-30
-40

◄ 38 °C Bozen
◄ 31 °C Toblach

Höchste gemessene Temperaturen im Sommer 2013

In Südtirol messen zahlreiche Wetterstationen die Temperaturen im Land und leiten die aktuellen Daten an den Landeswetterdienst weiter.

Geografische Höhenlagen

Südtirols Orte liegen zwischen 200 m Meereshöhe bei Salurn und rund 3.900 m Meereshöhe am Ortler.

Die höchsten Dörfer und Siedlungen gibt es im oberen Vinschgau. Viele Orte in Langtaufers und Sulden liegen oberhalb von 1.500 m Meereshöhe. Deshalb findet man im oberen Vinschgau hauptsächlich **Viehwirtschaft** und Tourismus, in den niederen Lagen wird Getreide angebaut.

Das Etschtal liegt mit rund 250 m Meereshöhe niedriger als die anderen Täler Südtirols. Durch diese klimatisch günstige Lage ist das Unterland ein fruchtbares **Wein- und Obstanbaugebiet**.

Regen

fällt als flüssiges Wasser aus den Wolken vom Himmel herab. Ist der Regen sehr stark, wird er als **Schauer** bezeichnet. Ist der Regen schwach, spricht man von **Sprühregen**. Ist der Regen räumlich stark begrenzt, ist es ein **Platzregen**.

Schnee

fällt in Form von Eiskristallen als Schneeflocken zu Boden.

Hagel

oder Hagelschauer sind besonders im Hochsommer zu beobachten. Die eisigen **Hagelkörner** entstehen durch Auf- und Abwärtsbewegungen innerhalb einer Wolke. Die oberen Schichten der Wolke bestehen aus Eis, die unteren aus Regen. So entstehen Hagelkörner, die abwechselnd gefrorene und flüssige Schichten haben. Landwirte fürchten den Hagel, da die Eiskörner einen Teil der Ernte zerstören können.

Luft

Wenn sich die Luft in der Erdatmosphäre bewegt, spürt man das in Form eines **Windes**. Winde entstehen durch Temperaturunterschiede in den Luftmassen. Der **Föhn** bringt eine warme und trockene Luft ins Land. Von **Kaltfront** wird gesprochen, wenn sich kalte Luft unter die warme Luft schiebt und so Niederschläge bewirkt. Als Front wird der vordere Teil von geschlossenen Luftmassen bezeichnet.

Altweibersommer

Schönwetterperiode zwischen Mitte September bis Anfang Oktober.

Feuer

Ein **Blitz** ist eine elektrische Entladung, die durch Reibung zwischen Wolken entsteht. Begleitet wird der Blitz von Donner. **Donner** entsteht durch den Knall der Explosion, wenn die Luft vom Blitz erhitzt wird und sich explosionsartig ausdehnt.

Tau und Reif

Wenn der Boden bei trockener Luft stark abkühlt und eine Feuchtigkeit von 100 % erreicht wird, setzt sich die Feuchtigkeit am Boden ab und es entsteht Tau. Wird der Tau im Winter gefroren, so spricht man von **Raureif** oder Reif.

Wenn im Frühling die ersten Bäume blühen, werden die Blüten durch künstliche Bewässerung eingeeist, um sie vor dem Erfrieren zu schützen. Dieses Phänomen ist besonders schön im Frühling im Eisack- und Unterland zu beobachten, wenn das gefrorene Wasser an den Ästen **Eisgebilde** formt.

Nebel

Sieht man nicht weiter als einen Kilometer, befindet man sich in einer Wolke und man spricht von Nebel.

Was für ein Aprilwetter!

Fossilien und Funde

Die Spuren der ersten Tiere finden wir in Form von **Fossilien**. Das sind Reste von Tieren oder Pflanzen der Urzeit, die ihren Abdruck in Steinen hinterlassen haben.

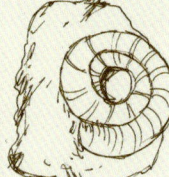

Bereits vor 4.000 Jahren hat es in unserem Land Hirsche gegeben. Funde von Hirschskeletten gibt es aus **Eppan** und **Kaltern**. Auf der **Seiser Alm** hingegen wurde ein Teil eines Elchgeweihs gefunden.

Eiszeittiere

In der Eiszeit lebten in den Alpen bereits große Tiere wie Höhlenbären, Höhlenlöwen, Mammuts, Nashörner, Rentiere, Wölfe, Hirsche, Wildpferde, aber auch Schneehasen, Eisfüchse, Schneehühner, Gämsen, Schneemäuse.

Eisfuchs

Höhlenbär

Im **Gadertal** unter der Conturines-Spitze wurden auf 2.800 m über 60 Skelette von **Höhlenbären** und auch Reste eines **Höhlenlöwen** gefunden.

Der Höhlenbär lebte vor ungefähr 45.000 Jahren und ist der einzige Fund eines prähistorischen Bären in den Dolomiten. Er kann im Museum „Ladin Ursus ladinicus" in St. Kassian im Gadertal bewundert werden.

Die Tierwelt mit allen Arten von Tieren bezeichnet man als Fauna. Der Name Fauna stammt von der römischen Göttin ab, einer Göttin der Fruchtbarkeit. Das Reich der Tiere teilt man in unterschiedliche Ordnungen ein:

Familie der Kriechtiere

Familie der Fische

Familie der Lurche

Familie der Vögel

Familie der Säugetiere

Familie der wirbellosen Tiere

Tiere

Heimische Vögel

In Südtirol gibt es rund 142 heimische Vogelarten, die regelmäßig vor Ort brüten.

Heimische Vögel in Südtirol sind Entenvögel, Hühnervögel, Taubenvögel, Kuckucksvögel, Eulen, Spechte, Sperlingsvögel oder Greifvögel.

Uhu

Ui, was für eine große Forelle!!

... und im

Fische

In Südtirol gibt es **35 Arten** von Fischen. Sie wohnen nicht nur in den heimischen Flüssen und Seen, sondern auch in Bächen und Gräben. Heimische **Fischarten** sind unter anderem Aale, Hechte, Schleien, Rotaugen, Aiteln, Flussbarsch oder die Marmorierte Forelle. In den letzten Jahrhunderten wurden Renken, Regenbogenforellen, Zander und Bachsailinge eingeführt.

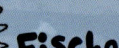

Zu den besonderen Fischen gehört die **Marmorierte Forelle.** Sie ist die ursprünglichste Fischart des Landes und ist vor allem in den großen und kleineren Flüssen Südtirols beheimatet. In den Bächen findet man am meisten **Bachforellen,** wie auch schon der Name sagt.

in der Luft...

Storch

Etwa 182 Vogelarten ziehen im Sommer oder Winter als Zugvögel durch Südtirol.

Die **Schwalben** sind Zugvögel, die im Herbst in den Süden fliegen und im Frühling meist an ihren Geburtsort zurückkehren.

Greifvögel

Greifvögel beobachten ihre Beute aus weiter Höhe und packen sie dann mit ihren kräftigen Zehen. Greifvögel sind der Mäusebussard und der Wespenbussard, sowie Turmfalke, der Baumfalke und der Wanderfalke, der **Steinadler** und der Habicht.

Steinadler können sehr gut sehen und fliegen. Ihre Spitzengeschwindigkeit liegt bei 125 Stundenkilometern. Wer einen Steinadler sehen möchte, besucht am besten das Gebiet rund um Fanes-Sennes-Prags. Dort ist der heimische Greifvogel sehr gut vertreten.

Zugvögel

Im Laufe eines Jahres legen Zugvögel weite Strecken zurück. Ihren Reiseweg kennen sie sehr genau, ebenso wann es Zeit ist für ihren Abflug.

Vögel, die durch Südtirol ziehen, sind der Kormoran, der Kranich oder die Graugans, Reiher wie der Nachtreiher oder der Seidenreiher, **Störche** wie der Schwarzstorch und der Weißstorch.

Rebhuhn

Auerhahn

Hühnervögel

Hühnervögel sind schlechte Flieger, sie halten sich am liebsten in der Nähe des Bodens auf. Die größte Familie der Hühnervögel sind die **fasanartigen**. Zu ihnen gehören unter anderem das Rebhuhn, die Wachtel, das Auerhuhn, das Alpenschneehuhn, das Birkhuhn und das Haselhuhn.

Singvögel

Die Singvögel gehören zur Familie der **Sperlingsvögel** und können besonders gut singen, aber auch schnell fliegen. Zu ihnen gehören die Lerchen, die Stelzen und die Pieper, die Braunellen und die Drosseln, die Rohrsänger und die Sperlinge, Rabenvögel wie der Eichelhäher oder die Elster, die **Alpendohle** oder der Kolkrabe, die Wasseramsel und der Zaunkönig, die **Nachtigall** und das Rotkehlchen.

Nachtigall

Alpendohle

Wasser

Lurche

Die Lurche (Amphibien) beginnen ihr Leben im Wasser und setzen es an Land fort. Viele von ihnen kehren zur Paarung wieder zum Wasser zurück.

Feuersalamander

Bekannte Lurche sind die **Salamander, Molche, Frösche, Kröten** und die **Unken**. Hierzulande leben der Feuersalamander und der Alpensalamander, der Bergmolch und der Teichmolch, die Erdkröte und die Wechselkröte, sowie die Gelbbauchunke.

Zu den heimischen **Fröschen** gehören der Springfrosch, der Teichfrosch, der Grasfrosch, der kleine Wasserfrosch und der Seefrosch.

Der **Hecht** hält sich überwiegend in Gräben und Seen des Südtiroler Unterlandes und im Überetsch auf, während in den Hochgebirgsseen der Seesaibling zu finden ist.

Ein **Aal** hat einen besonders gut ausgeprägten Geruchssinn, er kann um einiges besser riechen als ein Hund!

Laubfrosch

Eine Besonderheit ist der Laubfrosch, der in Südtirol inzwischen sehr selten zu sehen ist.

Tiere am Land

Libelle

Wirbellose Tiere

Im Tierreich gibt es über eine Million wirbelloser Tiere. Das sind **Tiere ohne Wirbelsäule**. Zu ihnen gehören Einzeller wie die Bakterien, Weichtiere wie Schnecken, Würmer wie der Regenwurm, Gliederfüßer wie Insekten, Tausendfüßer, Krebstiere und Spinnentiere.

Schnecke

Hallo hübscher Schmetterling!

Die **Gottesanbeterin** hat ihren Namen wegen ihrer Vorderbeine, die sie in Lauerstellung so hält, als ob sie beten würde.

Waldameise

Geschützte wirbellose Tiere sind in Südtirol die Gottesanbeterin, die Rote Waldameise und der Flusskrebs.

Zur Familie der Insekten gehören verschiedene Tierarten. In Südtirol gibt es unter anderem Grillen, Schmetterlinge, Libellen oder Käfer. Ein bekanntes Krebstier hingegen ist in Südtirol der Flusskrebs.

Marienkäfer

Kriechtiere

Die Reptilien, wie die Kriechtiere auch genannt werden, waren die ersten Wirbeltiere, die ohne Wasser an Land leben konnten. Zu den Kriechtieren gehören **Eidechsen** und **Schlangen.**

Ringelnatter

Schlangen

In Südtirol gibt es **acht Schlangenarten**, von denen drei giftig sind.

Echsen

Die bekanntesten Eidechsen sind die Mauereidechse, die Smaragdeidechse und die Bergeidechsen.

Giftige Schlangen:

Hornnattern   Kreuzottern
Aspisvipern

Nicht giftige Schlangen:

Würfelnattern   Schlingnattern
Ringelnattern
Zornnattern   Äskulapnattern

Blindschleiche

Blindschleichen werden oft fälschlicherweise mit Schlangen verwechselt, sie sind in Wirklichkeit eine Echsenart aus der Familie der Schleichen. Im Unterschied zur Schlange kann eine Blindschleiche ihre Augen durch Augenlider schließen, eine Schlange hingegen nicht.

Die Äskulapnatter kann an die 1,60 m lang werden. **Äskulap** war bei den Griechen der Gott der Heilkunde, sein Zeichen ist auf Apotheken, bei Ärzten und Heilern zu finden.

Säugetiere

Tiere, die nach ihrer Geburt gesäugt werden, nennt man Säugetiere. Säugetiere haben ein Skelett und brauchen eine Lunge zum Atmen. Säugetiere gebären ihre Jungen meist lebend. Ein **fliegendes Säugetier** ist die Fledermaus, das **kleinste Säugetier** ist die Zwergmaus. In den Bergen leben Steinböcke und Gämsen, Murmeltiere und Schneehasen.

Dachs

Gämsen sieht man in den Dolomiten besonders am Schlern, im Langental und Fanes oder auch in Antholz, im Pfossental oder Pfitsch.

Nagetiere

Auf den Wiesen wohnen Nagetiere wie die **Feldhasen,** im Wald Eichhörnchen und Feldmäuse, nahe an Siedlungen Siebenschläfer, Igel, Maulwurf und Fledermäuse, im subalpinen Almengebiet trifft man auch auf Murmeltiere.

Das **Murmeltier** ist im Dolomitengebiet und auch im Pfossental weit verbreitet. Am liebsten leben Murmeltiere als Familie zusammen mit bis zu 20 Familienmitgliedern. Zwischen Oktober und April halten sie in der Höhle Winterschlaf, eng aneinandergekuschelt.

Hirsch und Reh, Fuchs und Dachs, Marder und Wiesel, Mäuse und Eichhörnchen sind **Waldsäugetiere.**

Feldhase

Igel

Eichhörnchen

Raubtiere

Hundeartige Raubtiere sind Rotfüchse, Wölfe, Bären oder Marder.

Zur Familie der **Marder** gehören das Hermelin, das Mauswiesel, der Steinmarder und auch der Europäische Dachs.

Die **Maus** ist das kleinste Raubtier der Welt und wohnt in Auen oder Feldern, vom Tal bis in die höchsten Lagen.

Hirschkuh mit Rehkitz

Bedrohte Tierarten

Um Tiere und Pflanzen schützen zu können, hat das Land Südtirol 1994 eine **Rote Liste** der gefährdeten Tiere erstellt. Von über 7.000 Tierarten in Südtirol wurden **3.064 Arten** entweder als ausgestorben, vom Aussterben bedroht oder stark gefährdet eingestuft.
Durch intensive Landwirtschaft (Monokulturen, Düngung, Entwässerung, Pestizide) oder durch den Bau von Straßen oder Häusern werden die Lebensräume von Tieren eingeschränkt. Ausgestorben sind in Südtirol der Luchs, die Wildkatze, der Biber und der Fischotter.

Baumkult

Unsere Vorfahren, die Räter, Kelten und Germanen haben die Bäume wegen ihrer Heilkräfte und wegen ihres hohen Alters verehrt. In einigen Gebieten Südtirols nannte man alte Bäume sogar „Großvater" oder „Großmutter".

Den Fichten hat man Sorgen des Alltags erzählt.

In den Birken wurden schlanke Frühlingsgöttinnen gesehen.

In der Tanne soll die Muttergottes gewohnt haben.

Unter Föhren wurden Schätze und Reichtümer vermutet.

Die Lärchen hat man bei Krankheiten angerufen.

Bei Eschen haben Hexen und weise Frauen den Menschen Rat gegeben.

Unter der Linde wurde Gericht gehalten.

Wie alt du wohl bist, Großvater Baum?

Vegetation

Die Vegetation ist all das, was an Pflanzen in einem bestimmten Gebiet wächst. Die Vegetation in den Zentralalpen ist anders als in den Südalpen. Das hat mit den unterschiedlichen Höhenlagen, mit Klima, Geologie und Lebensräumen, aber auch mit dem Anbau an Kulturpflanzen zu tun.

Nadelbäume

Südtirols **heimische** Nadelbäume sind: Tanne, Fichte, Waldkiefer (Föhre), Zirbe, Lärche und Eibe.

In den Alpen kommt die **Fichte** am häufigsten vor. Die Fichte ist ein immergrüner Baum, ihr Holz wird auch zur Herstellung von Papier verwendet.

Die **Lärche** erkennt man im Herbst an ihrem goldgelben Kleid.

Fichte

Lärche

Laubbäume

Zu den Laubbäumen zählen **Erlen, Eichen, Linden, Birken, Buchen und Eschen**. In Südtirol kommen drei Arten von Erlen vor: Schwarzerle, Grünerle und Grauerle.

Im Eisacktal sind **Edelkastanien** zum Essen und **Rosskastanien** zum Dekorieren sehr beliebt. Sie sind im Herbst an ihren stacheligen „Igeln" erkennbar.

Kastanie

Zur Familie der **Buchen** gehören die Hopfenbuchen und die Rotbuchen, Kastanien und auch Eichen. Schöne Buchenwälder gibt es in Fennberg, Eppan oder Salurn.

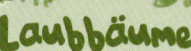

Esche

Die wichtigsten **Eschen** sind die Gemeine Esche und die Mannaesche.

Eichen waren den Kelten heilig, weil sie weit über 1.000 Jahre alt werden können. Flaumeichen sieht man im Unterland und Eisacktal bis Neustift, im Etschtal bis Schluderns.

Eiche

Birke

Eine Birke erkennt man an ihrem weißen Stamm mit den schwarzen Flecken.

& Bäume

Lebensraum Berg

Oberhalb der Waldgrenze fühlen sich die **Latschen** (Berg-Kiefer) und die **Zirben** (Zirbel-Kiefer) wohl.

Die Zirbe ist ein typischer Alpen-Baum, der bis auf eine Höhe von etwa 2.800 Metern wächst.

Die **Alpen-Heckenrose** hingegen ist die am höchsten vorkommende Rose. Diese Gebirgsrose aus der Familie der Rosen steigt bis auf 2.000 m Höhe auf und blüht von Mai bis Juli.

Waldgrenze

Die Obergrenze des Waldes liegt in den Alpen bei 2000 m. Ab 2.500 m ist die **Baumgrenze**, wo keine Bäume mehr wachsen. Die Waldgrenze liegt in den Zentralalpen bei 2.400 m und in den Südalpen bei 2.000 m. Die Angaben der Höhen variieren.

In einigen Gegenden gibt es hier noch Grünerlen.

Die Vegetationsstufen

Die Landschaft wird in verschiedene Höhenstufen eingeteilt. In jeder dieser Stufen wachsen andere Pflanzen.

Nivale Gebirgsstufe

Moose, Flechten

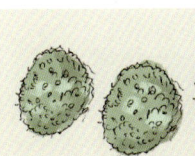

ca. 2.500 m

Alpine Hochgebirgsstufe

Zwergstrauchheiden mit Alpenrosen, Alpen-Bärentrauben, Zwergwacholder, Latschen

ca. 2.000 m

Subalpine Hochgebirgstufe

Krummholz, Lärchen, Zirben

ca. 1.500 m

Obere Gebirgsstufe

Bergwald mit Birken, Lärchen, Fichten, Tannen, Föhren

ca. 1.000 m

Untere Gebirgsstufe

Mischwald mit Buchen, Linden, Eichen, Kiefern, Kastanien, Fichten

ca. 500 m

Hügelstufe

Laubwald mit Eschen, Hopfenbuchen, Flaumeichen, Rotbuchen

PFlanzenwelt

Das Pflanzenreich mit allen Arten von Pflanzen, Farnen, Moosen, Bäumen und Sträuchern bezeichnet man als Flora. Der Name stammt von der römischen Frühlingsgöttin Flora. Südtirols Pflanzenreich ist äußerst vielfältig, denn das Land bietet zahlreiche unterschiedliche Lebensräume. Pflanzen wachsen in Wäldern, Wiesen und Feldern, in der Nähe von Siedlungen und Gewässern oder auf Bergen und Almen. Jede Pflanze hat ihren eigenen Lebensraum, der von der Höhenlage, dem Gestein und der Art des Bodens abhängig ist.

Lebensräume

Die Lebensräume Südtirols reichen von etwa 200 m Meereshöhe bei Salurn bis zu etwa 3.900 m Meereshöhe am Ortler.

Im Gebirge über 2.500 m wachsen **Edelweiß**, Alpenrosen und Enziane.

.... ca. 2.500 m

Im milden Klima von Meran wachsen sogar **Palmen**, immergrüne Sträucher, Mimosen und Zistrosen.

.... ca. 300 m

Älteste Pflanzen

Zu den ältesten Pflanzen Südtirols gehören der Wermut, der Hahnenfuß, die Silberwurz und der Farn.

Der Echte Wermut (artemisia absinthium) hat seinen Namen von der Göttin Artemis und wurde bereits in der Antike als Heilpflanze verwendet.

Die Silberwurz wuchs in den Alpen bereits um 10.000 v. Chr. Die Weiße Silberwurz ist ein Wahrzeichen der Alpen.

Alpenflora

Nachdem sich das Urmeer vor etwa 60 Millionen Jahren zurückzog, herrschte in den Alpen ein feuchtes und warmes Klima. Es wuchsen Palmen, Magnolien, Mammutbäume und Zypressen. Durch die Klimaverschlechterung verschwanden diese Pflanzen, doch es blieben Verwandte von ihnen zurück: die **Schneeheide**, die **Hauswurz** und der **Frauenmantel.**

Schneeheide

In der Eiszeit war es zu kalt für die Mehrheit der Pflanzen, einige Pflanzen starben aus, andere wanderten aus. Als die Gletscher schmolzen, kamen nach und nach die ersten pflanzlichen Siedler wieder in die Alpen zurück.

Waldblumen

Blumen des Waldes sind unter vielen anderen der **Rote** und **Blaue Fingerhut** (Wegerichgewächse), das **Wald-Veilchen** und das **Stiefmütterchen** (Veilchengewächse), die **Feuerlilie** und die **Türkenbund-Lilie** (Lilien), der **Frauenschuh** und das **Knabenkraut** (Orchideen), **Erika** und **Schwarzbeeren** (Heidekräuter) oder der **Wald-Sauerklee** (ein Sauerkleegewächs).

Wald-Veilchen

Schlüsselblume

Farne

Farne haben, gemeinsam mit anderen **Bärlapppflanzen**, bereits vor über 400 Millionen Jahren auf der Erde gelebt. Sie gehören damit zu den ältesten Landpflanzen der Erde. Wie alle Gefäßsporenpflanzen haben sie an der Unterseite der Blätter Sporen, mit denen sie sich verbreiten.

Farn

Keulenbärlapp

Beeren

Waldbeeren, die man essen kann, sind **Preiselbeeren, Schwarzbeeren** (Heidelbeeren) und **Walderdbeeren.**

Waldbeeren

Wald-erdbeeren

Preiselbeeren

Die **Tollkirsche** (Atropa) ist eine der giftigsten Pflanzen Europas.

Tollkirsche

Die bekanntesten Farne sind Adlerfarn, Gewöhnlicher Wurmfarn, Wald-Schachtelhalm und **Keulen-Bärlapp.**

Der Keulen-Bärlapp wird auch Hexenmehl genannt, da man damit Funken erzeugen kann.

Wiesenpflanzen

Auf den Wiesen und Feldern wächst wertvolles Futtergras für die Tiere. Zum **Futtergras** gehören der Wiesen-Fuchsschwanz, das Wiesen-Knäuelgras und das Wiesen-Lieschgras.
Die Wiesenblumen im Frühling oder Sommer leuchten bunt: **rot** die Lichtnelke, **gelb** der Wiesen-Pippau, **rosa** der Wiesen-Klee, **weiß** das Hirtentäschelkraut, **blau** die Glockenblume und **blauviolett** der Wiesen-Salbei.

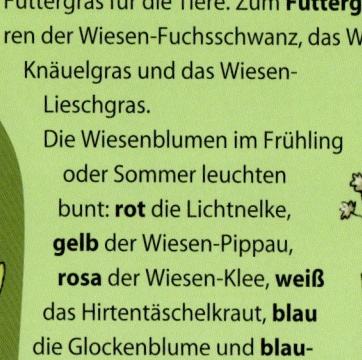

Knäuelgras

Lichtnelke

Wiesensalbei

Hirtentäschelkraut

Pflanzenarten

In der Pflanzenwelt gibt es verschiedene **Familien:**

Alpenglöckchen (Soldanellen) und Schlüsselblumen
Familie der Primelgewächse

Gelbe und blaue Enziane
Enziangewächse

Das Alpen-Leinkraut
Familie der Leinkräuter

Hahnenfuß, Küchenschellen und Leberblümchen
Hahnenfußgewächse

Trauben-Steinbrech und Roter Steinbrech
Steinbrechgewächse

Schafgarben und Edelweiß
Familie der Korbblütler

Edelweiß

Enzian

Mehlprimel

Arnika

Alpenmohn

Gebirgspflanzen

Wer bei Wanderungen in **höhere Lagen** der Berge kommt, findet das Edelweiß und die Alpenrosen, Enziane und Küchenschellen (Pulsatilla), den Berg-Hahnenfuß und den Gletscher-Hahnenfuß, den Rhätischen Alpenmohn, den Roten Steinbrech und die Mehlprimel, Hauswurzarten und Soldanellen, Leimkräuter und Astern, das Alpen-Mannsschild, die Arnika, die Silberdistel und den Krokus.

Gletscher-Hahnenfuß

In den höchsten Lagen wächst der **Gletscher-Hahnenfuß**, aber er braucht drei Jahre, um zu blühen. Im ersten Jahr legt er die Blütenknospe an, im zweiten Jahr entwickelt er sie und im dritten Jahr entfaltet sich die volle Blüte. Er blüht nur im Juli und August.

Alpenrose

In Südtirol gibt es zwei Arten von Alpenrosen: die Rostblättrige Alpenrose und die Behaarte Alpenrose.

Geschützte Pflanzen

In Südtirol gibt es 84 geschützte Pflanzenarten. Dazu gehören:

• Mannsschild
• Dolomiten-Akelei
• Schwanenblume
• Tausendguldenkraut
• Goldbart
• Drachenkopf
• Sonnentau
• Schwertlilie
• Enziane
• Edelweiß
• Teichrose
• Seerose
• Schopfteufelskralle
• Schlüsselblume
• Küchenschellen
• Alpenrachen
und viele andere mehr...

Leben an Siedlungen

Nahe an Siedlungen, in Dörfern und Städten gedeihen auch viele bunte Pflanzen. Dort wächst die Brennnessel, der Weiß-Klee, die Vogelmiere, die Zaun-Winde, der Breitwegerich, das Gänseblümchen oder der **Löwenzahn**.

> Oh, wie diese Wiesenblumen duften!

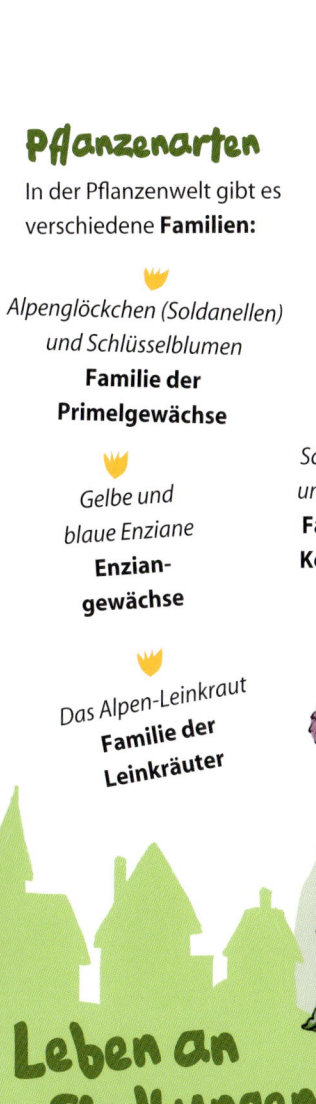

Breitwegerich

Gänseblümchen

Löwenzahn

Wasser- und Uferpflanzen

Seerose

Einige Pflanzen des Wassers sieht man an der Oberfläche, andere wachsen unter Wasser. Zu sehen sind die **Seerose** und die Teichrose. In feuchtnassen Gebieten in der Nähe des Wassers wachsen das Mädesüß, die Sumpfdotterblume, die Wasserminze, der Baldrian, die Schwertlilie, das Wollgras, der Rohrkolben und das Schilf.

Das **Schilfrohr** kann Wasser auf natürliche Weise reinigen. Allein vier Quadratmeter Schilf kann die Abwässer eines Menschen reinigen!

Sumpfdotterblume

Baldrian

Bewegt durch die Jahreszeiten

Sommer

Frühling

Als unsere Vorfahren begannen, die Tage zwischen einem Vollmond und dem nächsten zu zählen, entstanden die Monate. Als sie entdeckten, dass die Sonne einmal im Jahr am exakt gleichen Punkt wieder vom Himmel auf die Erde schien, das Jahr. Als die Menschen beobachteten, dass es innerhalb eines Jahres wärmere und kältere Zeiten gab, leiteten sie daraus die **Jahreszeiten** ab.

Je nach Jahreszeit üben wir unterschiedliche **Sportarten** aus: Radfahren und Schwimmen, Wandern und Klettern, Rodeln und Skifahren.

Die **Pflanzen** lieben unterschiedliche Temperaturen: Die ersten Frühlingsblumen im Garten sind die Narzissen, im Sommer leuchtet am Wegrand der Klatschmohn, im Herbst entdecken wir im Wald unterschiedliche Pilze und im Winter hängen an den oft kahlen Bäumen geheimnisvolle Misteln.

Auch die **Tiere** passen ihr Leben den Jahreszeiten an, im warmen Frühjahr tauchen sie vermehrt in der Natur auf und im Winter ziehen sie sich meist wieder zurück.

Seit jeher feiern Menschen in ihren **Bräuchen** die Zyklen der Natur: der Fasching leitet den Frühling ein, das Maibaumfest den Sommer, das Erntedankfest den Herbst und Allerheiligen den Winter.

Bist du bereit für die Reise durch das Jahr?

Herbst

Brauchtum
Almabtrieb

Seite **108**

Jahreszeiten
Erntezeit

Seite **96**

Tiere im Jahreskreis
Siebenschläfer

Seite **104**

Sportarten
Schlittschuhlaufen

Seite **98**

Winter

Jahreskreis

Das Jahr wird in Monate, Wochen und Tage unterteilt. Um die Zeit eines Jahres zu messen, führten die Menschen den Kalender ein.
Im Laufe der Geschichte gab es verschiedene Kalender. Jäger und Sammlerinnen der Steinzeit zählten die Tage zwischen einem Vollmond und dem nächsten, sie hatten einen sogenannten Mondkalender. Als die Menschen sesshaft wurden und Pflanzen anbauten, beobachteten sie neben dem Mond auch den Lauf der Sonne. Die Römer führten den Sonnenkalender ein.

> 30 Tage hat
> September, April,
> Juni und November.
> Februar hat 28,
> nur im Schaltjahr 29.
> Alle anderen ohne Frage
> haben 31 Tage.

Mondkalender

Der Mondkalender, auch Lunarkalender genannt, berechnet die Zeit nach den **Phasen des Mondes:**

| Neumond | zunehmender Mond | Vollmond | abnehmender Mond |

Das neue Jahr beginnt im Mondkalender mit einem Vollmond, ein Monat hat 29,5 Tage und ein Jahr zählt 12 oder 13 Monde.

Der **Vollmond** am Anfang und Ende eines jeden Monats wurde festlich gefeiert, denn die vollen Mondtage waren fruchtbare Tage für Mensch und Tier, an denen die Jagdbeute besonders üppig war. Den Mondkalender gab es bis in die römische Zeit, in den Alpen bis zur Ankunft der Römer um 15 v. Chr. .

12 Monate

Jänner, März, Mai, Juli, August, Oktober und Dezember haben 31 Tage, April, Juni, September und November haben 30 Tage. Der Februar hat 28 und nur jedes vierte Jahr, im Schaltjahr, 29 Tage.

Mond

Der Name **Monat** geht auf den Mond zurück, denn der Mond braucht zwischen 29 und 30 Tage, um wieder ganz voll zu werden.

Jänner, Februar, März, April, Mai, Juni, Juli

August, September, Oktober, November, Dezember

Monatsnamen

Die Monate haben ihre lateinischen Namen von den Römern.

Januar wurde nach **Janus**, dem Gott der Übergänge, benannt.

Im **Februar endete das alte Jahr**, es war deshalb der Monat der Reinigung und nach dem Lateinischen **februare** (reinigen) benannt.

Der März hat den Namen von **Mars**, dem Gott des Krieges.

Im Monat April beginnt die Natur zu wachsen und zu sprießen, die warmen Sonnenstrahlen öffnen ihre Blüten. Deshalb nannten die Römer den Monat nach dem Lateinischen **aperire** (öffnen).

Mai wurde nach **Maia,** Göttin der Fruchtbarkeit, benannt.

Juni kommt vom Namen **Juno**, Göttin der Sonne und der Erde.

| Jänner | Februar | März | April | Mai | Juni |

Bei den Römern war im März der Jahresbeginn.

Römischer Kalender

Die Römer hatten viele verschiedene Kalender. Die ersten römischen Völker rechneten wie die Etrusker die Zeit in Monden. 450 v. Chr. schauten sie sich von den Ägyptern den **Sonnen-Mond-Kalender** ab und 45 v. Chr. führte Julius Cäsar den Sonnenkalender ein. Er benannte ihn nach ihm **Julianischer Kalender.** Unter der römischen Herrschaft verbreitete er sich im gesamten römischen Reich.

Im Jahre 153 verlegten die Römer den Jahresbeginn vom Frühjahrsvollmond im März auf den 1. Januar.

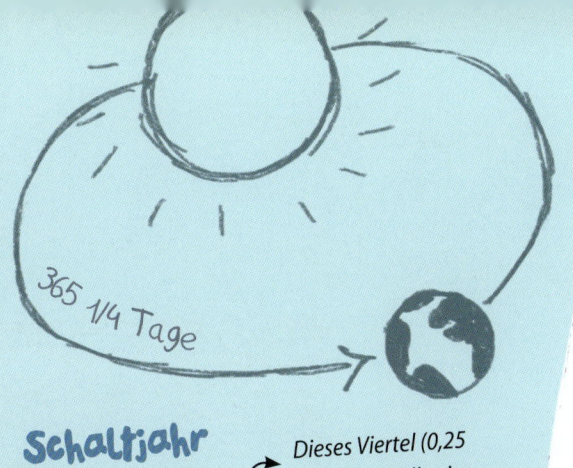

365 1/4 Tage

Schaltjahr

Ein Jahr hat
365 1/4 Tage
365 1/4 Tage
365 1/4 Tage
365 1/4 Tage
_____
= 1 Tag = 29. Februar

Dieses Viertel (0,25 Tage) wird alle vier Jahre zusammengelegt und im Februar ein Tag dazugegeben. Deshalb hat der Februar alle vier Jahre 29 Tage anstatt 28.

Wenn im März viel Winde wehn, wird's im Mai dann warm und schön!

Bauernkalender

Bauern beobachteten seit jeher den Ablauf des Wetters. Daraus leiteten sie Wetterregeln ab, die ab dem Mittelalter in Zusammenhang mit dem Tag eines Heiligen gebracht wurden. Der Bauernkalender bestand meist aus einer Bauernregel, einem Heiligen und einem Spruch.

Lostage

Im Bauernkalender gab es auch Lostage, die für den Zeitpunkt der Aussaat, Mahd, Ernte, Weinlese oder Schlachtung wichtig waren. Solche Lostage waren Maria Lichtmess (2. Februar), der Tag des Heiligen Florian (4. Mai), Maria Himmelfahrt (15. August) und Andreastag (30. November).

Sonnenuhren

Um den Tag in kleineren Einheiten messen zu können, bauten die Menschen Sonnenuhren mit einem Stab. Der Schatten des Stabes zeigte den Menschen die Uhrzeit an.

Gregorianischer Kalender

Ende des 16. Jh. führt Papst Gregor XIII. den gregorianischen Kalender ein. Er überspringt 10 Tage, weshalb alte Bräuche des Bauernkalenders bis heute oft 10 Tage später stattfinden.

Der gregorianische Kalender setzte sich im Alpenraum und in der Schweiz erst im 18. Jh. durch, gilt aber heute in ganz Europa.

Kaiser **Julius Cäsar** gab dem Juli seinen Namen.

Cäsars Nachfolger Kaiser **Augustus** benannte den Monat August.

Das neue Jahr begann bei den Römern im März. Deshalb war September der **siebte Monat** (septem).

Oktober war der **achte Monat** (octo) ...

November der **neunte Monat** (novem) ...

... und Dezember der **zehnte Monat** (decem) im Jahr.

Juli | August | September | Oktober | November | Dezember

Jahreszeiten

Das Jahr wird in vier Jahreszeiten unterteilt: Frühling, Sommer, Herbst und Winter. In einem Jahr dreht sich die Erde einmal um die Sonne. Durch die Inklination (Neigung) der Erde ist die Nordhalbkugel mal mehr der Sonne zugeneigt und mal weniger. Je senkrechter die Sonnenstrahlen auf die Erde fallen, desto wärmer ist es. Es ist Sommer. Fallen die Sonnenstrahlen hingegen schräg auf die Erde, legen sie einen weiteren Weg zurück und verlieren an Wärme. Es ist Winter.

12 h Tag **12 h Nacht**

Tag-und-Nacht-Gleiche

20. März
Frühlingsbeginn

An diesem Tag kämpfen nach altem Brauch Dunkelheit und Licht miteinander. Es siegt im Frühling das Licht, die Sonne.

Gäääähnn!

Frühjahrsmüdigkeit

Manche Menschen sind im Frühjahr oft müde. Diese Frühjahrsmüdigkeit wird durch das Hormon **Melatonin** ausgelöst, das den Schlaf und die Müdigkeit fördert.

Frühling

Einst hieß der Frühling **Lenz**, der alte Name für März. Denn im März begann das neue Jahr. Seinen Namen hat der Lenz von den Indogermanen und bedeutete: lang. Im Frühling werden die Tage merklich länger. Mit dem zunehmenden Sonnenlicht beginnt auch das Leben in der Natur.

Neubeginn

Die Frühlingsgöttin soll bei den Germanen Ostara heißen und hat dem wichtigsten Frühlingsfest **Ostern** seinen Namen gegeben. Es ist das Fest der Auferstehung und des Neubeginns.

Frühlings-gefühle

Durch das steigende Licht der Sonne setzt der Körper das Hormon **Serotonin** frei, der Mensch fühlt sich wohl und zufrieden. Wir sprechen deshalb von Frühlingsgefühlen.

Der Frühling zeigt sich wechselhaft mit großen Temperatursprüngen. Während die Berge noch mit Schnee bedeckt sind, gibt es in den Tallagen und im Süden die ersten warmen Tage mit Temperaturen um 25° C.

Sommersonnenwende
längster Tag und kürzeste Nacht

21. Juni
Sommeranfang

An diesem Tag steht die Sonne fast senkrecht über dem Horizont. Der Sommer wendet sich in Richtung Herbst und heißt deshalb Sommersonnenwende.

Sommer

Der Sommer ist die wärmste Jahreszeit. Seinen Namen hat der Sommer von der indogermanischen Sprache. *Sem* bedeutet Korb, Geflecht. Mag sein, weil der Sommer die Zeit der Ernte von Obst und Gemüse war, die in **Körben** gesammelt wurden. Im Sommer steht die Natur in voller Blüte.

Das wichtigste Sommerfest ist das Herz-Jesu-Feuer am dritten Sonntag nach Pfingsten und das **Hochunserfrauenfest** am 15. August.

Hoch-Zeit

Durch die höheren Temperaturen halten sich die Menschen mehr im Freien auf, der Körper setzt zusätzliche Hormone frei, dadurch steigt die **Lebensfreude**. Der Sommer wird der reifen Frau und Mutter zugeordnet, denn Mutter Natur entfaltet ihre volle Kraft. Der Sommer, der früher bereits am 1. Mai begann, ist die Zeit der Brautpaare, der Hochzeiten und der Feiern.

Der Sommer ist in Südtirol generell heiß, da kann Bozen auch Temperaturen bis zu 40° C erreichen. Zugleich gibt es im Sommer die meisten Niederschläge. Sommergewitter bringen kurzen, dafür aber starken Regen.

Tag-und-Nacht-Gleiche

Am 20. März und am 22. September sind Tag und Nacht gleich lang, die Tage heißen deshalb Tag-und-Nacht-Gleiche.

Tag- und Nacht-Gleiche

22. September
Herbstanfang

Entstehung der Jahreszeiten

Die alten Ägypter und auch Urvölker der Alpen teilten ihr Jahr in **drei Jahreszeiten**:

	Lebensphasen des Menschen:	Entwicklung der Frau:	Phasen des Mondes:
Frühling	Jugend	Mädchen	Neumond
Sommer	Lebensmitte	Mutter	Vollmond
Winter	Lebensabend	Alte	abnehmender Mond

Von den Ägyptern übernahmen die Römer die Jahreszeiten, doch teilten sie das Jahr in vier Jahreszeiten mit je drei Monaten.

An diesem Tag kämpfen Dunkelheit und Licht miteinander, nun aber siegt die Dunkelheit. Die Tage werden kürzer und die Nächte länger.

Herbst

Danken

Aus Freude über die reiche Ernte des Sommers bedanken sich Menschen und feiern gemeinsam das Ende des Sommers.

Herbstfeste

Die wichtigsten Feste des Herbstes sind das Erntedankfest und Allerheiligen. Das Erntedankfest wird traditionell an Michaeli (29.9.) oder am ersten Sonntag im Oktober gefeiert.

Erntezeit

Das indogermanische Wort *harbista* für Herbst bedeutet Erntezeit. Es war die Zeit, in der Bauern auf dem Acker das Getreide schnitten und die Früchte von den Feldern einbrachten.

Der Herbst ist bis heute die Zeit der Ernte. Die Blätter und Früchte des Baumes färben sich bunt und fallen ab.

Das milde Herbstwetter hält am längsten im Süden und in den Niederungen an. Während es im Norden und in den Bergen bereits im September schneien kann, laden die warmen Temperaturen am Kalterer See noch zum Baden ein.

Wintersonnenwende
kürzester Tag und längste Nacht

21. Dezember
Winteranfang

An diesem Tag wendet sich der Winter wieder in Richtung Frühling und er heißt deshalb Wintersonnenwende.

Winter

Nasse Jahreszeit

Der Name des Winters stammt aus dem althochdeutschen *wintar* und bedeutet **feuchte Jahreszeit.** Der Winter ist nicht nur nass durch die vielen Niederschläge, sondern auch kalt und zuweilen trüb.

Das wichtigste Winterfest ist **Weihnachten** am 24. Dezember, der Tag von Christi Geburt. Von diesem Tag an findet das Licht schrittweise wieder seinen Weg zurück auf die Erde.

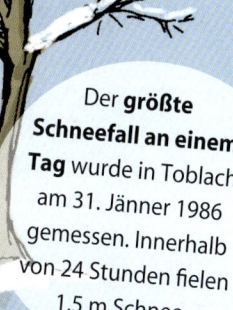

Der **größte Schneefall an einem Tag** wurde in Toblach am 31. Jänner 1986 gemessen. Innerhalb von 24 Stunden fielen 1,5 m Schnee.

Schneemengen

Der Winter 2013/2014 gilt als einer der **schneereichsten Winter** in Südtirols Wettergeschichte. In Ladurns (Pflersch) und Weißbrunn (Ulten) wurden über 8 m Schnee gemessen.

Der Winter ist in Südtirol die trockenste Jahreszeit mit langen sonnigen Phasen. Deshalb kommen die heimischen Skigebiete auch nicht ohne Beschneiungsanlagen aus. Die größten Schneemengen gibt es generell im hinteren Ulten und Passeiertal sowie im hinteren Ahrntal.

Bewegung & Sport

In Südtirol sind in jeder Jahreszeit Freizeitbeschäftigungen unter freiem Himmel möglich. Beliebt sind im Frühling Radfahren, Wandern oder Reiten, im Sommer die Wasser-, Wildwasser- oder Bergsportarten, im Herbst Wandern und Klettern, im Winter Ski und Snowboard, Langlaufen und Schlittschuhlaufen.

Rafting

In den Flüssen und Wasserfällen ist das **Rafting** sehr beliebt, bei dem der Fluss mit einem Schlauchboot befahren wird.

Eine Sonderform des Raftings ist das Kajak, das mit einem Doppelpaddel angetrieben wird. Der Insasse sitzt in Fahrtrichtung.

Fischen

Um dem ruhigen Sport Fischen nachzugehen, braucht es in Südtirol eine **Fischereilizenz**. Daneben braucht es eine Fischwasserkarte, mit der Fischer einen Tag lang im Fluss oder See angeln kann.

In Südtirol gibt es an die 14.000 Fischer.

Wassersport

Während die acht Badeseen von Groß und Klein zum **Schwimmen** genutzt werden, werden größere Seen wie der Kalterer See auch mit Ruder- und Tretbooten, mit Segelbooten und Windsurfbrettern befahren.

Auf dem Haidersee im Vinschgau sieht man im Sommer **Segler** und Kitesurfer, im Winter **Eissegler** und Snowkiter. Rund um einige Südtiroler Seen findet man Rundwanderungen, sowie Wege zum Laufen oder Nordic Walking.

Fußball

In Südtirol gibt es allein im Verband der Sportvereine Südtirols über 500 Fußballmannschaften, die sich regelmäßig treffen, um in ihrer Freizeit Fußball zu spielen. Der erfolgreichste Profifußballverein Südtirols ist der **FC Südtirol**, der seit 2009 in der nationalen dritten Liga spielt. Ein weiterer Profiverein ist der **CF Südtirol Damen**, der in der zweiten Liga der Frauen spielt.

Radfahren

Wenn im März der Schnee schmilzt und die Temperaturen steigen, wird im Tal der Drahtesel wieder startklar gemacht. Auf den rund 4.600 km von Radwegen kann man sowohl einfache Fahrrad-Ausflüge im Tal als auch anspruchsvolle **Mountainbike-Touren** auf die nahe gelegenen Berge unternehmen.

Wandern

Wer gern zu Fuß unterwegs ist, hat die Qual der Wahl. Südtirol bietet über **13.000 Kilometer** Wanderwege, die kreuz und quer durch das Land führen.

Beliebt sind leichte **Familien-Wanderungen** wie etwa die Waalwege im Vinschgau oder die Mühlen-Wanderung im Campiller Tal.

Reiten

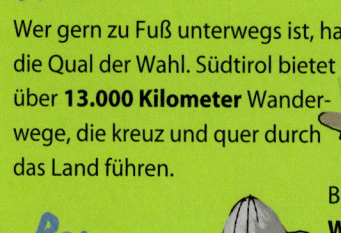

Dort wo Haflinger und Noriker zu Hause sind, gibt es vielfältige Möglichkeiten zum Reiten. Lust auf **Dressurreiten** hat, am besten nach Olang ins Pustertal. Westernreiten ist in St. Martin in Passeier oder in Jenesien möglich und **Ponyreiten** im Schnals.

Reithöfe

Bekannte Reithöfe gibt es unter anderem in Schluderns, Schlanders oder St. Valentin auf der Haide, aber auch in Jenesien und Hafling, in Olang oder Welschnofen und natürlich auch auf der Seiser Alm.

Im Verband der Sportvereine Südtirols sind zahlreiche Sportarten vertreten. Geboten werden Badminton, Fußball, Handball, Kegeln, Leichtathletik, Radsport, Ranggln, Tennis, Schießsport, Schwimmen, Tischtennis, Turnen, Volleyball und natürlich Wintersportarten. Am häufigsten wird in Südtirol Ski gefahren und Fußball gespielt.

Klettern

Wer im Winter in Südtirols **Kletterhallen** übt, kann sich im Sommer und Herbst auf einen der vielen Klettersteige des Landes freuen. **Kletterparks** hingegen gibt es in Juval oder St. Hippolyt im Vinschgau, in Aufhofen bei Bruneck, im Villnösstal, am Pragser Wildsee oder in Bozen.

Für **Kinder** gibt es auch Klettersteige, wie z.B. auf die Große Cir Spitze. Dazu kommen der Oskar Schuster Klettersteig in Gröden, der Alpinisteig und der Klettersteig auf die Sextener Rotwand in den Dolomiten.

Hochseilgarten

Ein Hochseilgarten ist ein Hindernislauf von Baum zu Baum, von Seil zu Seil, auf verschiedenen **Schwierigkeitsgraden.**

Abenteuerliche Hochseilgärten gibt es in Partschins, Schenna, Terlan, Kaltern, Obereggen, Issinger Weiher, Pfalzen, St. Vigil in Enneberg, Toblach und Sand in Taufers.

Paragleiten

Das Paragleiten oder **Gleitschirmfliegen** bezeichnet das Fliegen mit einem Gleitsegel, in dem der Pilot angegurtet unter dem Gleitschirm sitzt und den Schirm durch Leinen steuert. Wer ausprobieren möchte, wie es sich anfühlt, hoch oben über die Landschaft zu segeln, kann in einem **Tandemflug** mit einem Fluglehrer das Fliegen versuchen.

Herbst

> Wie schön Fliegen sein kann!

Wintersport

Im Winter zieht es Gipfelstürmer auf Gletschertouren und ausgedehnte **Skitouren**. Wer die unberührte Natur in niederen Lagen sucht, entscheidet sich hingegen für eine **Schneeschuhwanderung**.

Skifahren

In Südtirol gibt es an die 30 Skigebiete, wovon 10 Skigebiete zum Dolomiti Super Ski im Osten des Landes gehören. Wer im Winter auf den Bergen unterwegs ist, hat die Qual der Wahl. Kinder können **skifahren** oder **snowboarden**, aber auch **langlaufen** oder mit dem **Rennböckl** um die Wette fahren.

Rodeln

Bekannte **Rodelbahnen** in unberührter Naturlandschaft gibt es auf der Seiser Alm, in Reinswald, am Reschenpass und in Welschnofen, auf dem Vigiljoch oder am Rittner Horn.

Die **längste Rodelbahn** Südtirols ist mit 10,5 km die Rodelbahn RudiRun im Skigebiet Plose.

Extremsportarten

Erfahrene und trainierte Erwachsene probieren gerne auch mal **Eisklettern** aus, auf vereisten Wasserfällen oder präparierten Eiskletterürmen. Eiskletter-Weltmeisterschaften werden in Rabenstein im Passeier ausgetragen.

Weitere Extremsportarten sind Fallschirmspringen, Base Jumping, Klippenspringen und Wildwasserschwimmen.

Schlittschuhlaufen

Sobald die Temperaturen sinken und die Seen gefrieren, bricht die Schlittschuhzeit an. Befahren werden **Natureislaufplätze** wie jener am Völser Weiher, am Reschensee, am Rittner Wolfsgrubner See, am Montiggler See, am Kalterer See oder in Reischach. **Kunsteislaufplätze** hingegen gibt es in Klobenstein am Ritten, in Sand in Taufers, in Auer oder Meran.

Tarzaning

Im Passeiertal ist auch das Tarzaning zu beobachten. Abenteurer seilen sich über eine Schlucht ab, pendeln mit dem Seil über der Schlucht oder stürzen sich – natürlich angeseilt – in die Tiefe der Schlucht.

Winter

Pflanzen im Jahr

Wir Menschen erkennen die Jahreszeiten an der Natur oder an der Vielzahl von Pflanzen in unserer Umgebung. Während im Frühling die grünen Lebenssäfte der ersten Kräuter sprießen und gedeihen, zeichnet sich der Sommer durch die Vielfalt an Heu, Korn und Getreidesorten, Blumen und Pilzen aus. Den Herbst erkennt man an den bunten Blättern und Bäumen, den Winter an den immergrünen Nadelbäumen und der weißen Schneelandschaft.

Dreimal drei Kräuter müssen rein!

Frühlings-kräuter

Der Frühling ist die Zeit der grünen Lebenssäfte. Für eine gesunde **Neun-kräuterstärke** werden am Gründonnerstag neun Kräuter gesammelt und es wird daraus eine Suppe gekocht.

Diese neun Frühlings-kräuter können sein:

Kerbel Bärlauch
Dill Sauerampfer
Schnittlauch Tymian
Gundermann Löwenzahn
Gänseblümchen

Narzisse

Frühlingsblumen

Erste Frühlingsboten auf den Wiesen sind die weißen Schneeglöckchen, die weißen und violetten Krokusse, die gelben **Schlüsselblumen** und der gelbe Löwenzahn. Sie kämpfen sich teilweise noch durch die Schneedecke an die Oberfläche.

Schlüsselblume

Gartenblumen

Im Garten werden weiße und gelbe **Narzissen**, Veilchen, Primeln und Ranunkeln gepflanzt, die im Mai von den weißen Maiglöckchen oder farbigen Rosen abgelöst werden.

Sommerblumen

Im Sommer blühen auf Südtirols Wiesen der Wiesen-Klee, die Marge-rite und einige Arten von Glockenblumen. Ab Juli blühen auf den Wiesen und Feldern die **Sonnenblu-men**, die ihren Kopf gleich am Morgen nach der Sonne ausrichten.

Typische Pilzarten

Gibt es ausreichend Regen, sprie-ßen ab Juli im Wald Pilze aus dem Boden. Damit sich die kostbaren Waldschätze gut vermehren und sich der Boden regenerieren kann, gibt es für das Sammeln der Pilze klare Regeln.

Die beliebtesten Pilze hierzulande...

Steinpilz

Eisheilige

Besonders gefürchtet im Mai sind die **fünf Eisheiligen.** Alle fünf waren Bischöfe oder Märtyrer aus dem 4./5. Jh.

11. Mai
Heiliger Mamertus

12. Mai
Heiliger Pankratius

13. Mai
Heiliger Servatius

14. Mai
Heiliger Bonifatius

15. Mai
Heilige Sophie

Bis heute ist es Brauch, vor diesen Tagen keine jungen Pflanzen im Freien einzusetzen oder gar Blumen im Garten zu säen, denn die Eisheiligen bringen Kälte und Frost.

Parasol

Steinpilz

Pfifferling

skreis

Heuernte

Juli und August sind die Monate von Heu und Korn, mit vielen schmackhaften **Gräsern**, Kräutern und Hülsenfrüchten für das Vieh.

„Heu"

Sichelmonat

Der August wird auch Erntemonat, Schnittmonat oder Sichelmonat genannt. Denn früher wurde das Getreide von Hand mit der Sichel geschnitten. Heute macht diese Arbeit der Mähdrescher.

„Grumet"

„Pofel"

Getreidearten

Die älteste Getreideart ist die Hirse, die bekannteste der Weizen. Weizenarten sind Emmer, Dinkel, Hartweizen und Einkorn. Weitere Getreidearten sind Roggen (Winterroggen und Sommerroggen) und Gerste.

Hirse   Gerste   Weizen   Roggen   Dinkel

Anbaugebiete

Während die Gerste die niederen Haupttäler liebt, dringt der Weizen in die Seitentäler bis auf 1.200 m Meereshöhe vor. Als typisches Berggetreide gilt hingegen der Roggen, er schafft Anbaugebiete bis zu 1.900 m Meereshöhe.

Korn

Heute werden Roggen und Dinkel verstärkt im Vinschgau, Pustertal und im Eisacktal angebaut. Auf 70 Hektar Fläche wurden im Jahr 2012 etwa 250 Tonnen **regionales Getreide** geerntet. Davon sind 84 % Roggen und 16 % Dinkel.

Herbstfarben

Im Herbst zieht sich der grüne Lebenssaft der Pflanzen durch das weniger werdende Licht der Sonne zurück. Die Blätter färben sich bunt. Die **Wälder** leuchten im Herbst in den Farben Gelb, Orange und Rot.

Die Bäume bereiten sich auf den Winter vor: sie ziehen das Wasser von Blättern, Ästen und dem Stamm zurück, die Blätter fallen ab.

Herbstblumen

Im Garten blühen auch im Spätherbst noch Herbst-Anemonen, Stiefmütterchen, **sternförmige Astern** und Herbstzeitlose, neben dem wild wachsenden Goldbecher und dem Herbstkrokus.

Aster

Mistel

Winterpflanzen

Wer im Dezember in den Wald geht, erkennt hoch oben an den Bäumen hängend die **Mistel**. Die Mistel blüht dann, wenn die Bäume kahl sind und die Gärten leer.

Auch der **Winterjasmin** ist ein besonderer Winterblüher: seine gelben Blütenblätter hängen an kahlen Zweigen von Januar bis April.

Siehst du hingegen **Schneeglöckchen**, ist der Frühling nicht mehr weit. Wegen ihrer weißen Glöckchen werden sie auch Lichtmess-Glöckchen oder Frühlingsglöckchen genannt. Und damit schließt sich auch wieder der Jahreskreis: das neue Jahr beginnt.

Immergrüne Pflanzen

Während alle anderen Pflanzen sich unter die Erde zurückziehen oder ihr Laub abwerfen, grünen immergrüne Pflanzen das ganze Jahr. Zu den immergrünen Nadelbäumen gehören **Eiben, Fichten, Kiefern (Föhren), Tannen** und **Zedern**.

Die **Lärche** ist der einzige Nadelbaum, der seine Nadeln gelb färbt und im Herbst abwirft.

Obst- & Gemüseka

Damit zu Mittag frisches Obst und Gemüse auf den Tisch kommt, haben viele Südtiroler Haushalte einen Garten. Er liefert ab dem Frühling wertvolle Gemüsesorten, im Sommer frische Beeren und buntes Obst, im Herbst Kastanien und Nüsse und im Winter das klassische Wintergemüse.

Frühling

Radieschen

Gartenarbeit

Die Gartenarbeit beginnt traditionell im **März** zu St. Gertraud. An diesem Tag endet die winterliche Arbeit im Haus und es beginnt die Arbeit im Freien.

Gartenarbeit

An frischem Frühlingsgemüse gibt es ab **März** Spinat, ab **April** Radieschen, Rhabarber, Spargel und Tomaten. Der **Mai** bringt Blumenkohl, Chinakohl, Gurken, Kohlrabi, Kopfsalat und Rucola.

Tomaten

Terlaner Spargel

Der typische Spargel von Terlan heißt Margarete. Er wächst im Etschtal auf Sand und feiner Erde, wird im **April** geerntet und meist bis **Mai** und **Juni** frisch serviert.

Frische Beeren

Der Sommer steht im Zeichen der Farbe Rot. Ab **Mai** reifen die ersten Erdbeeren, ab **Juni** kommen Kirschen, Himbeeren und Johannisbeeren dazu.

Kirschen

Erdbeeren

Preiselbeeren

Schwarzbeeren

Ab **Juli** gibt es die Ernte der Walderdbeeren und Schwarzbeeren, Brombeeren und Stachelbeeren, Preiselbeeren und Schwarzen Johannisbeeren.

Buntes Obst

Ebenso ab **Juli** werden Sauerkirschen, Pfirsiche und Pflaumen geerntet, während ab **August** Birnen und Äpfel reifen.

Doch im Sommer ist Vorsicht geboten: Zuweilen können starke Regenschauer oder Hagel die Ernte des Obstes zerstören.

Pfirsiche

Pflaumen

Kartoffelsorten

Die meisten Kartoffeläcker sind im Eisacktal und im Pustertal zu finden. Es werden etwa **20 verschiedene Kartoffelsorten** angebaut. Die Kartoffeln werden für Püree, Nocken, Pommes Frittes, Brat- oder Röstkartoffeln, Suppen, Salat oder für die typische Pellkartoffel verwendet.

Sommer

Sommergemüse

Typisch für den Sommer sind nicht nur die vielen Obstarten, sondern auch das Gemüse.

Stangensellerie

Kartoffeln

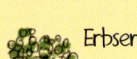

Erbsen

Im Garten wachsen ab **Juni** Auberginen, Brokkoli, Erbsen, Fenchel, Mangold, Peperoni (Paprikaschoten), Radicchio, Rettich, Stangensellerie und nicht zuletzt Kartoffeln.

Peperoni

Lauch

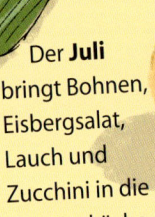

Zucchini

Der **Juli** bringt Bohnen, Eisbergsalat, Lauch und Zucchini in die Gemüseküche.

Kürbis

Karotten

Ab Mitte **August** leuchten die orangefarbenen Kürbisse und Karotten aus der Erde.

Vinschger Marillen

Typisch hierzulande ist die Vinschger Marille. Die orangefarbene Frucht liebt ein warmes Klima, viel Sonne und Wind, wenig Regen. All das findet die Marille im Vinschgau, weshalb sie dort besonders gut gedeiht.

5 Millionen kg

Die Südtiroler Kartoffelbauern ernten rund 5 Millionen kg Kartoffeln im Jahr.

Herbst

Kohlrabi

Muier (junger Wein)

Siaßer (Trauben- most)

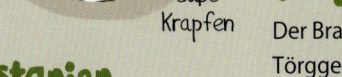
Surfleisch · Sauerkraut · Würste · Knädel

Typische Törggele-Mahlzeit

Keschtn (Kastanien)

Nussn (Nüsse)

Süße Krapfen

Rapunzel

Herbstgemüse

Der Herbst bietet nicht nur bunte Bäume, sondern auch einiges an Gemüse. Typisch ist der Feldsalat, der in Südtirol **Vogelsalat** und bei den Gebrüdern Grimm **Rapunzel** genannt wird. Er wird traditionell im **Juni** und **Juli** geerntet, reicht aber zuweilen auch bis in den **September** hinein.

Im Spätherbst ist das Blaukraut reif, das zwischen **September** und **Dezember** vom Feld geholt wird. Ab **Oktober** gibt es die Rohnen (Rote Beete) und als letzter im Garten reift der Chicorée.

Blaukraut

Kastanien und Nüsse

Kastanien, Walnüsse, Haselnüsse und auch Zirbelnüsse fallen im Herbst von den Bäumen. Was die Menschen an Nüssen nicht vom Boden lesen, holen sich im **November** Krähen, Eichhörnchen und Mäuse.

Haselnüsse

Tröggelen

Der Brauch des Törggelens kommt vom lateinischen Wort *torculus* für **Weinpresse**. Nach der Weinlese saßen Winzer und Lesehelfer beisammen, um den frischen Wein zu verkosten.

Herbstfrüchte

Als letzte Herbstfrüchte werden im **Oktober** Quitten, Kaki und Trauben geerntet.

Wintergemüse

Der Anbau des Wintergemüses hängt im Wesentlichen von den Temperaturen und der Höhenlage des Gartens ab. Ist der Boden nicht gefroren, wächst noch typisches Wintergemüse wie die Kohlsorten Weißkohl, Rotkohl, **Blumenkohl**, Rosenkohl oder Kohlrabi, aber auch Schwarzwurzeln, Lauch, Rüben und Topinambur.

Blumenkohl

Mmmh, so viel leckeres Obst und Gemüse aus meinem Garten!

Südtiroler Äpfel

Der Apfel kommt ursprünglich aus Kasachstan in Asien, von dort gelangte er über die Seidenstraße nach Griechenland und mit den Römern nach Südtirol. Die ersten großen Anbaugebiete entstanden, als die Gebiete an der Etsch trocken gelegt wurden. Heute werden in Südtirol etwa **16 verschiedene Apfelsorten** angebaut, alte Sorten nicht mitgezählt.

Bekannte Südtiroler Weinsorten

Traminer Gewürz- traminer

Kalterer Vernatsch

Bozner Lagrein

Trauben

Südtiroler Wein

Das wichtigste Anbaugebiet Südtirols ist das Etschtal von Meran bis nach Salurn. Aus archäologischen Ausgrabungen weiß man, dass bereits vor 3.000 Jahren in Südtirol Wein angebaut wurde.

Braeburn | Elstar | Fuji | Gala

Golden Delicious | Granny Smith | Idared | Jonagold

Kanzi | Modi | Morgenduft | Pink Lady

Pinova | Red Delisous | Rubens | Winesap

Die Ernte beginnt Anfang September und reicht je nach Sorte bis Anfang November. In Südtirol werden an die 950.000 Tonnen Äpfel pro Jahr verkauft.

Frühlingsboten im Wald

Mit dem zunehmend warmen Licht der Sonne kommen die Tiere langsam aus ihren Winterverstecken. Erste Frühlingsboten sind der **Bär**, der **Dachs** und der **Wolf**, die manchmal bereits um Lichtmess aus ihrem Winterschlaf erwachen.

Auch Fuchs und Hase treffen im Frühling wieder aufeinander, Kuckuck und Specht sind wieder zu hören und auch der Igel kehrt aus seinem Winterschlaf zurück.

In den Bergen genießen ab April und Mai Schlangen und Eidechsen an sonnigen Plätzen die ersten warmen Sonnenstrahlen.

Henne

Igel

Hase

... in den Lüften

Im März kehren die Schwalben aus dem Süden zurück und Schmetterlinge lassen sich vom Wind durch die Lüfte tragen.

Im Mai schlüpfen in der Nähe von Gewässern Libellen. **Marienkäfer** wachen vermehrt aus ihrer Kältestarre auf.

Amsel

... in Stall und Garten

Auch im Stall macht sich der Frühling bemerkbar: Die **Kühe** geben wieder mehr Milch und die **Hennen** legen wieder mehr Eier. Ab Februar beginnen die Finken wieder zu nisten und ab März hört man das Quaken der Kröten und Frösche im Garten.

Hat der Marienkäfer sieben Punkte, darf ich mir was wünschen!

Tiere im Jahreskr

Sommerboten

Die ersten Boten des Sommers sind im Juni die **Glühwürmchen**. Ihre Körper leuchten am Abend wie kleine Lämpchen. Auf Wiesen und Feldern locken Weibchen damit vom Boden aus die Männchen an. Die Männchen ihrerseits antworten mit demselben Leuchten, durch die Luft fliegend. Die Glühwürmchen heißen auch Johanniskäfer, weil sie um den Johannistag im Juni ihre Lichter anzünden.

Im Juli sieht man auf den Feldern Heuschrecken und hört den Gesang von Grillen. Gemeinsam zirpen Heuschrecken und Grillen in lauen Sommerabenden in den Wiesen und Feldern um die Wette.

Glühwürmchen

Grille

Nachwuchs

Während Schlangen ihre Eier im Juni und Juli legen, bringen Feuersalamander und Eidechsen ihre Jungen bereits im April und Mai zur Welt.

In den Bergen und Wäldern hüten Gämsen und Rehe im Sommer ihre Kitze, während die jungen Dachse und Marder bereits ab März geboren werden.

In den Sommermonaten schlüpfen auch **Auerhühner** und **Steinhühner** aus dem Ei und Mäuse oder Murmeltiere bringen ihre Jungen zur Welt.

Steinhuhn

Jagdzeit

Am 1. August wird die Jagd auf **Hirsche, Gämsen** und **Rehböcke** eröffnet. Rehe (Geißen und Kitz) dürfen schon ab 1. Mai erlegt werden. Die Jagdsaison reicht bis 15. Dezember, jene von Rehböcken bis 20. Oktober.

Hirsch

Biene

Herbsttreiben

Im September beginnen **Marienkäfer**, **Eidechsen** und **Fledermäuse** ihre Winterruhe.

Ab Oktober versteckt sich auch der Igel wieder in seinem warmen Nest und **Bienen** verschließen in dieser Zeit ihre Fluglöcher. **Schnecken** verkriechen sich unter die Erde oder versiegeln ihr Gehäuse.

Eichhörnchen und **Mäuse** sorgen im November noch für Wintervorrat, damit sie den Winter über genug zum Fressen haben. Beide Nagetiere halten nur Winterruhe, keinen Winterschlaf.

Eichhörnchen

Maus

Storch

Zugvögel

Im September ziehen die ersten Zugvögel wie etwa die **Schwalben** in den warmen Süden, die letzten Zugvögel wie **Weißstorch, Singdrosseln, Feldlerchen** und **Stare** im November. Diese Vogelarten verbringen die kalte Jahreszeit außerhalb der Region und kehren ab Februar nach und nach wieder zurück.

Schonzeit

Ab 1. Oktober brauchen die Fische, insbesondere **Forelle** und **Saibling**, Schonzeit. In dieser Zeit darf nicht gefischt werden, denn diese Zeit bis zum zweiten Samstag im Februar dient den Fischen für die Fortpflanzung und zum Laichen. Die **Äschen** haben von 1. Dezember bis 20. April Schonzeit, Schleie, Karpfen und Barben hingegen nur im Monat Juni.

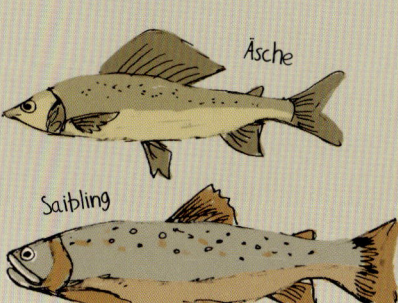
Äsche

Saibling

eis

Im Frühling erwachen die Tiere im Wald aus ihrem Winterschlaf und im Sommer ist in Wiesen und Feldern Paarungszeit. Im Herbst laichen die meisten Fische und im Spätherbst fliegen die Zugvögel in wärmere Länder. Der Winter schließlich ist die Zeit der Ruhe und des Schlafes.

So wie die Pflanzen passen sich auch die Tiere den Jahreszeiten an. Der Frühling ist meist die Zeit des Erwachens in Höhlen und Behausungen, im Sommer und Herbst wird der Nachwuchs geboren und großgezogen und im Winter ziehen sich die Tiere wieder verstärkt zurück.

Winterschlaf

Tiere passen sich den Jahreszeiten an und ziehen sich im Winter zurück. Viele Säugetiere halten Winterschlaf. Sie ziehen sich in geschützte Orte zurück, ihre Körpertemperatur fällt auf bis zu 1°C ab, Herzschlag und Atmung verringern sich. In den Winterschlaf fallen Fledermäuse, **Siebenschläfer**, Mäuse, Igel oder Murmeltiere.

Puppe

Winterruhe

Braunbären, Dachse oder Eichhörnchen halten Winterruhe. In dieser Zeit fressen sie nicht und schlafen, aber ihre Körpertemperatur fällt nicht so stark ab wie beim klassischen Winterschlaf. **Schmetterlinge** wie etwa der Zitronenfalter verstecken sich in hohlen Bäumen und überwintern als Raupe oder Puppe.

Kältestarre

Schlangen, Eidechsen, Frösche, Kröten oder Insekten fallen in eine Art Winterstarre oder Kältestarre. Wenn es kalt wird, erstarren ihre Körper und sie wachen erst wieder auf, wenn es wärmer wird.

Frösche vergraben sich im Schlamm und Fische erstarren im Wasser. Insekten verstecken sich im Holz oder in kleinen Ritzen.

Es gibt aber auch einige Tiere, die keinen Winterschlaf brauchen. **Füchse**, **Hasen**, **Rehe** und **Hirsche** bekommen ein Winterfell. Sie bleiben den Winter über aktiv.

Jahresvögel

Eulen wie der Waldkauz und Greifvögel wie der Habicht, so wie einige Singvögel sind Jahresvögel. Sie ziehen nicht wie die Zugvögel im Winter weg, sondern bleiben ganzjährig im Land.

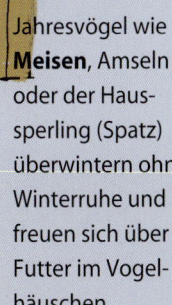

Jahresvögel wie **Meisen**, Amseln oder der Haussperling (Spatz) überwintern ohne Winterruhe und freuen sich über Futter im Vogelhäuschen.

Siebenschläfer

Meise

Brauchtum im Frühling

Die Natur war und ist die Grundlage allen Lebens. Die Völker der Alpen lebten stets in enger Verbindung mit der Erde. Daraus haben sich gemeinschaftliche Feste und Bräuche entwickelt, die bis heute lebendig sind. In Südtirol zieht sich das Brauchtum durch das ganze Jahr.

Frühlingsbräuche

Die ersten Frühlingsbräuche finden in der Übergangszeit zwischen Winter und Sommer statt, meist ab dem Dreikönigstag. Das neu erwachte Licht wird begrüßt, der Winter mit viel Lärm ausgetrieben, der **Kampf zwischen Winter und Sommer** ausgetragen, der Acker für die neue Saat gepflügt und die Vegetation unter der Erde mit Sprüngen geweckt.

Fasnacht und Fasching

Die Fasnacht beginnt im Alpenraum an Lichtmess und dauert bis Aschermittwoch. Das Wort *Fas, vas* bedeutet Frühling, Wachstum, Frucht. Damit waren die neu erwachenden Lebenssäfte des Frühlings gemeint, die unter der Erde geweckt wurden.

Lichtmess

Vierzig Tage nach Weihnachten, am 2. Februar, wird **Maria Lichtmess** gefeiert. An diesem Tag werden Kerzen geweiht und der Weihnachtsschmuck wird verräumt. Lichtmess findet 40 Tage nach Weihnachten statt, denn früher galt eine Frau nach der Geburt eines Jungen für 40 Tage als unrein. Lichtmess war also der Tag der Reinigung, an dem Maria im Tempel ein Reinigungsopfer darbrachte.

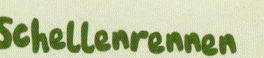

Heuer bin ich beim Schellenrennen auch mit dabei!

Faschingsumzug

Im 13. Jh. wurde in den Alpen der Fasching mit Masken und Kostümen eingeführt. Bunte Faschingsumzüge gibt es heute noch in **Auer, Latsch, Welschnofen, Ritten, Gröden, Brixen** und **Leifers** und vielen anderen Orten.

Schellenrennen

Am 22. Februar schnüren sich Buben große Schellen und Kuhglocken um und stürmen mit Höllenlärm durch die Gassen. Sie schreien: „Peter Langas" und wecken damit den Frühling auf und vertreiben den Winter. Dieser Brauch findet bis heute im **Münstertal** statt, in ähnlicher Weise um Nikolaus und Neujahr in **Laas, Tanas, Tschengls** und **Eyrs**.

Wilde-Mann-Spiel

In **Ulten, Burgeis, Tartsch, Kortsch** oder auch im **Ahrntal** spielten bis ins 19. Jh. die Hoaler (Heiler, Jungmänner) um den 13. März das Wilde-Mann-Spiel, um den Winter auszutreiben.

Pflugziehen

Beim **Stilfser** Pflugziehen dreht sich alles um den Pflug, den Feldwechsel von Winter- auf Sommeracker und das noch schlafende Korn.

Am Faschingsdienstag ziehen im **Vinschgau** zwei weiße Frühlingsboten einen Pflug durch die Straße. Ihnen folgen der Sämann mit Sägespänen, Bauer und die Bäuerin mit einem Armkorb voll Essen, die Dienstboten mit allerlei Arbeitsgeräten, die Handwerker und zuletzt die Brüder Liederlich.

Die schwarz gekleideten Zusseln umtanzen als Winterhexen den Zug und rußen die Menschen ein.

Egetmann

Der Egetmann in **Tramin** rußt alle zwei Jahre die Dorfleute ein. *Eget* bedeutet Feldwechsel, der Egetmann ist der Mann mit der Egge und dem Pflug. Egge und Pflug werden bis heute beim Umzug mitgeführt. Der Egetmann-Umzug ist seit 1591 bekannt.

Das Schnappvieh ist typisch für den Egetmann-Umzug.

"Reim, Reim, wem soll dia Scheib' sein?"

Je weiter die Scheibe durch die Nacht fliegt, desto mehr Glück soll sie bringen.

& im Sommer

Sommerbräuche

Im Sommer wurde einst die Hochzeit des Himmelsgottes mit der Erdgöttin gefeiert. Durch diese Verbindung von Sonne und Erde wurde die Erde fruchtbar. Im Mai beginnt deshalb die Zeit der Brautschau, der Hochzeiten und Hexentänze, der Liebesfeiern und Liebesorakel.

Sommer-Sonnenwende

Der Sommer ist die schönste und fruchtbarste Zeit im Jahr. Auf den Bergen und in den Tälern wachsen Obst und Gemüse, gedeihen Heu und Getreide.

Am Tag der Sommersonnenwende wurde einst das **Mittsommerfest** gefeiert, der Höhepunkt des Sommers und der höchste Stand der Sonne im Jahreskreis. Es war ein Fest der Freude und der Liebe, des Tanzes und der Hochzeit.

Scheiben-schlagen

Das Scheibenschlagen bildet den Abschluss der Faschingszeit und findet am ersten Sonntag nach Aschermittwoch (Funkensonntag) statt. Es ist ein alter Fruchtbarkeitsbrauch, an dem um die Braut geworben und das Orakel nach der zukünftigen Liebe befragt wurde.

Am Samstagabend treffen sich junge Männer, um glühende, handgefertigte Scheiben aus Zirbenholz ins Tal zu schleudern, die sie einer geliebten Person widmen.

Dieser Brauch findet bis heute in verschiedenen Orten im **Ober-** und **Mittelvinschgau** statt.

Tag-und-Nacht-Gleiche

Einst verkleideten sich Kinder im März und September als Sommer und Winter, um gegeneinander zu kämpfen. Moderne Rituale rund um den Frühlings- und Herbstbeginn feiern wieder diesen Kampf der beiden großen Polaritäten.

Maia

Der Monat Mai ist seit jeher der Muttergottes Maria gewidmet. Zur römischen Zeit war es Maia, die Göttin der Erde und der Fruchtbarkeit, hierzulande seit dem 8. Jh. die Muttergottes Maria.

Maibaum

Das neu erwachte Leben der Erde wird mit frischen Birken, Maiandachten, Maiumzügen, mit der Maikönigin und dem Maibaum begrüßt. Der Maibaum ist das Symbol für das neue Leben.

In **Terlan** wird der Maibaum jedes Jahr aufgestellt, mit bunten Bändern geschmückt und in der Walpurgisnacht streng bewacht. Am 1. Mai wird er mit Tanz und Musik umtanzt.

Hochunserfrauentag

Das älteste Marienfest der katholischen Kirche ist **Maria Himmelfahrt** am 15. August. Gefeiert wird Hochunserfrauentag seit dem 5. Jh. Es ist der Tag, an dem Maria „in den Himmel gefahren" ist. Als die Jünger Marias Grab öffneten, fanden sie statt ihres Leichnams nur mehr Blüten und Kräuter.

Kräuterbuschen

Seit dem 10. Jh. werden an Maria Himmelfahrt Kräuter gesammelt, zu Sträußen gebunden und zur **Kräuterweihe** gebracht. Sie schützen vor Krankheiten, Unheil und Blitzschlag. Zu den Weihebuschen gehören Blumen mit 7, 9, 33 oder 77 Kräutern. Diese Zahlen sollen magische Wirkung haben. Sie werden in der freien Natur gepflückt und mit Haselzweigen oder Hexenkraut gebunden.

Walpurgisnacht

Die Nacht vom 30. April auf 1. Mai ist als Walpurgisnacht bekannt. In Südtirol wurde der Brauch in Bozen auf der **Haselburg** und am **Würzjoch** wiederbelebt. Oberhalb von **St. Martin in Thurn** kommen in der Walpurgisnacht die Leute zu den Hängen des **Peitlerkofels**, wo um Mitternacht verkleidete Hexen ihr Unwesen treiben.

Hexentänze

Ein heidnischer Hexenbrauch war es, sich in der Walpurgisnacht am höchsten Berg des Landes zu treffen und die ganze Nacht wild zu tanzen. Es heißt, dass Hexen aus allen Landesteilen sich am **Schlern** getroffen haben, um das alljährliche Ritual zu feiern. Dieses heidnische Fruchtbarkeitsritual hielt sich bis zur Herrschaft des Frankenkönigs Karl des Großen.

Brauchtum im Herbst

Der Herbst ist die Zeit der Ernte und des Dankes, der Winter die Zeit der Familie und des Handwerks in der warmen Stube. Einige der heutigen Volksbräuche stammen aus vorchristlicher Zeit, als die Natur den Menschen heilig war.

Herbstbräuche

Im Herbst endet die Getreideernte auf den Hochebenen, der Viehaufenthalt auf den Almen und die Obsternte im Tal. In **Erntedankfesten** danken die Menschen im ganzen Land für die reiche Ernte.

Erntedankprozession

An verschiedenen Sonntagen im Oktober finden im ganzen Land kirchliche **Prozessionen** mit Fahnen und Statuen oder Umzüge statt. Bei Tanz und Musik wird die erfolgreiche Ernte gefeiert.

Halloween

Halloween (All Hallows'eve) bezieht sich auf den **Tag vor Allerheiligen**. Bei Kelten und Germanen begann das neue Jahr am 1. November. Damit war der 31. Oktober der letzte Tag im Jahr, an dem die Menschen der Toten gedachten. Um böse Geister zu vertreiben, wurden einst Halloweenfeuer entzündet. Heute zünden Kinder in **Kürbissen** Feuer an oder gehen verkleidet als böse Geister von Tür zu Tür.

Traubenfuhre

In **Girlan** dreht sich alles um den **Wein** und **Most**. In einem feierlichen Festumzug bringen die Bauern im Oktober die letzte Fuhre Trauben ins Dorf. Sie leeren die Trauben in eine große Weinpresse und bieten den Gästen und Einheimischen den frischen Most zum Verkosten an.

Meraner Traubenfest

Das älteste und bekannteste Erntedankfest ist das Meraner Traubenfest. Es wird seit 1886 immer am 3. Wochenende im Oktober gefeiert. Ein farbiger Festwagen zieht vom Vinschger Tor durch die Meraner Innenstadt. Zu sehen sind Musikkapellen, Volkstanzgruppen und typische Trachten. Eine Besonderheit sind der Wagen mit einer **Riesentraube** und der Wagen mit einer Apfelkrone.

Die Kühe tragen Kränze und Kopfschmuck mit Sprüchen, Bildern und kunstvollen Stickereien.

Viehabtrieb

Meist im September findet der traditionelle Almabtrieb statt, an dem das Vieh von den Almen getrieben und im Dorf feierlich begrüßt wird.

Winterbräuche

Im Winter zieht sich die Natur unter die Erde zurück und auch die Menschen tun es ihr gleich, denn sie ziehen sich in die Häuser zurück. Sie gedenken der Ahnen und Verstorbenen, treffen Freunde und Verwandte und bereiten sich in der **Adventszeit** auf das bevorstehende Weihnachtsfest vor.

Wintersonnenwende

Der **21. Dezember** ist Wintersonnenwende, der kürzeste Tag des Jahres. Die Sonne erreicht ihren südlichsten Punkt und die Menschen glaubten, sie sei am tiefsten Punkt unter der Erde angelangt. Es war der Tag, an dem das Licht wieder langsam seinen Rückweg an den Himmel antrat.

Von Kelten und Germanen wissen wir, dass die Wintersonnenwende eines der wichtigsten Jahresfeste war. Das **Licht** nimmt von Tag zu Tag merklich zu:

An Weihnachten
um einen Hahnentritt,
an Neujahr
um einen Männerschritt,
an Dreikönig
um einen Hirschensprung
und an Lichtmess
um eine ganze Stund.

Allerheiligen und Allerseelen

... & im Winter

> Heint ischt uns eine heiligschte Klöckelsnocht...

Rauchnächte

Die heiligen Nächte vom 25. Dezember bis zum 6. Jänner waren ursprünglich die zwölf Rauchnächte. Sie werden auch **Mutternächte** genannt. Diese Nächte gehören den Geistern, die nachts um das Haus spuken. Ungeliebte böse Geister werden mit Räucherungen ausgetrieben, gute Geister hingegen mit **Räucherungen** angelockt.

Die Übergangstage der Rauchnächte gelten als **Lostage**, sie geben Auskunft über die Zukunft und warnen vor Gefahren oder Krankheiten. Dazu gehören der Thomastag, der Silvestertag und die letzte Rauchnacht.

Als Orakel wird beim Schüssellucken oder Spiegelschauen das Wasser befragt, Blei gegossen oder es werden Karten gelegt.

Klöckeln

Das Klöckeln ist ein alter Adventsbrauch, der seit dem 16. Jh. bekannt ist. Die Klöckler sind im Sarntal an den drei Donnerstagen vor Weihnachten unterwegs. Die Klöckler sind vermummte Gestalten, einer ist das **Zußlmandl** mit dem **Zußlweibele**, dann kommen der Bockhornbläser und der Lottersackträger und andere wilde Figuren. Sie tollen und raufen, blasen und schreien, damit die Ernte im kommenden Jahr gut ausfällt. Vom Bauern werden die Klöckler mit Gaben für ihren Dienst entlohnt.

Je mehr Klöcklergruppen im Sarntal unterwegs sind, desto besser gedeiht das Korn im nächsten Jahr.

Perchten

In den Rauchnächten bis zur **Perchtennacht** am 5. Jänner gehen die Perchten um. Die Perchten sind unheimliche Besucherinnen, teils schön und gut, teils böse und hässlich. Sie kommen mit einer wilden Gefolgschaft. Ihnen werden rund um das Haus oder auch im Haus Speisen bereitet, um sie damit gnädig zu stimmen und ihren Segen zu bekommen. Im **Pustertal** geht die Perchta um, im **Eisacktal** die Berchta, in **Ladinien** das Waldweib Donnaccia, in **italienischen Häusern** die Befana.

Es heißt, zur Mittagsstunde am **Allerheiligentag** kommen mit dem Seelenausläuten die Seelen der Verstorbenen aus den Gräbern und besuchen ihre Verwandten zu Hause.

Die Familien streuten einst den Verstorbenen Mohn vom Friedhof bis zur Haustür, damit sie den Weg besser finden konnten.

Damit die Ahnen es in der Stube gemütlich hatten, zündeten die Verwandten in der Allerheiligennacht Kerze und Ofen an und deckten feierlich den Tisch.

Mit dem Einläuten am **Allerseelentag** kehren die Seelen wieder in den Friedhof zurück, wo sich die Familie und Verwandte am Familiengrab treffen, um der Toten zu gedenken.

An Sänger werden Pitschelen, kleine Allerseelenbrote verteilt und die Patenkinder erhalten von ihren Paten „Zopf" oder „Henne".

Literaturverzeichnis

Zeitreise mit dem Adler

Christ Karl: Die Römische Kaiserzeit. C.H.Beck, München, 2011.
Dumandt Alexander: Die Kelten. C.H.Beck, München, 2011.
Finsterwalder Karl: Pustertaler Ortsnamen. Schlern, 1965, S.453.
Fleckinger Angelika: Ötzi, der Mann aus dem Eis. Folio, Wien-Bozen, 2012
Gimbutas Marija: Göttinnen und Götter des Alten Europas. Arun-Verlag, 2010.
Gleirscher Paul: Die Räter. Rätisches Museum, Chur, 1991.
Gugenberger Eduard: Kelten Krieger Kulte. Ueberreuter, Wien, 2004.
Haarmann Harald: Die Indoeuropäer, C.H.Beck, 2010.
Lunz Reimo: Archäologische Streifzüge. Athesia, Bozen, 2005.
Maier Bernhard: Die Druiden. C.H.Beck, München, 2009.
Müller Klaus E.: Schamanismus. C.H.Beck, München, 2010.
Peterlini Hans Karl: Südtirol in Geschichte und Gegenwart. Haymon, Innsbruck, 2010.
Srbik Robert R. v., Überblick des Bergbaues von Tirol und Vorarlberg in Vergangenheit und Gegenwart, Innsbruck 1929, (Sonderabdruck aus den Berichten des Naturwissenschaftlich-medizinischen Vereines Innsbruck).
Wolfram Herwig: Die Germanen. C.H.Beck, München, 2009.
Herrscher, Krieger und Geliebte. Antike Götter und ihr Himmel. Ausstellungskatalog des Tiroler Landesmuseum Ferdinandeum Innsbruck, 1989.
Ur- und Frühgeschichte von Innsbruck. Ausstellungskatalog des Tiroler Landesmuseum Ferdinandeum Innsbruck, 2007.

Quellen & aktuelle Daten:
Südtiroler Archäologiemuseum: http://www.archaeologiemuseum.it/de
Museum Mansio Sebatum in St. Lorenzen: http://www.mansio-sebatum.it
Südtiroler Bergbaumuseum http://www.bergbaumuseum.it/de
Tiroler Landesmuseum: http://www.tiroler-landesmuseen.at
Deutsches Keltenmuseum Manching: http://www.museum-manching.de
Kindertirollexikon: http://tirolatlas.uibk.ac.at/kids/
Europas Kulturachse: http://www.viaclaudia.org/
Wissensportal: http://www.helles-koepfchen.de/

Leben ind Stadt und Land

Andergassen Leo: Kunstraum Südtirol, Athesia Bozen, 2012.
Hrsg. Autonome Provinz Bozen, Abteilung 42-Museen: Museen und Sammlungen in Südtirol. Bozen, 2011.
Gummerer Hermann: Total alles über Südtirol. Folio, Wien-Bozen, 2012
Menara Hanspaul: Südtiroler Burgen Schlösser und Ansitze. Athesia, Bozen 1999.
Pippke Walter, Leinberger Ida: Kunstreiseführer Südtirol, Dumont Reiseverlag, 2006.

Quellen & aktuelle Daten:
Städte Südtirols: Homepage der jeweiligen Stadt.
Gemeinden Südtirols: Homepage der jeweiligen Gemeinde.
Stadtleben: Landesinstitut für Statistik Astat http://www.provinz.bz.it/astat/
Landleben: Südtiroler Bauernhof http://www.sbb.it/it/
Südtirols Land- und Fortwirtschaft in Zahlen
http://issuu.com/sudtirolerbauernjugend/docs/s_dtirols_land-_und_forstwirtschaft_in_zahlen
Arbeiten in der Stadt: Handelkammer Wirtschaftsdaten: http://www.camcom.bz.it/18982.pdf
Unternehmerverband: http://www.assoimprenditori.bz.it
Landesverband Handwerker: http://www.lvh.it
Handel- und Dienstleisterverband: http://www.hds-bz.it
Ausbildung und Berufsberatung: http://www.provinz.bz.it/ABI/wrkf_d.aspx
Südtiroler Aus- und Berufsbildung:
http://www.provinz.bz.it/bildungsfoerderung/Ausbildungs-Berufsberatung/ausbildung-berufsberatung.asp
http://www.provinz.bz.it/land-hauswbildung/
Arbeiten auf dem Land: Urlaub auf dem Bauernhof
http://www.roterhahn.it/de/
Südtiroler Rinderzuchtverband: http://www.rinderzuchtverband.it/organisation.html
Freizeit in der Stadt: Landesinstitut für Statistik Astat http://www.provinz.bz.it/astat/
Freizeit im Dorf: Südtiroler Autorenvereinigung: http://www.literatur.bz.it/
Deutsche und ladinische Musikschulen: http://www.musikschule.it/de
Südtiroler Künstlerbund: http://www.kuenstlerbund.org/de/home.html
Museen: Messner Mountain Museen: http://www.messner-mountain-museum.it/
Burgen und Schlösser: Die Burgenseite Südtirols http://www.burgen-adi.at/ und Südtiroler Burgeninstitut http://www.burgeninstitut.com

Auf Pfaden und Wegen

Diercke. Geografie 1. Westermann, Bildungshaus Schulbuchverlage, Braunschweig, 2011.
Farblexikon Südtirol. Tappeiner, Meran, 1981.
Fink Hans: Verzaubertes Land. Tyrolia, Innsbruck, 1969
Finsterwalder Karl: Pustertaler Ortsnamen, Schlern, Jahrgang 1965.
M. A. Fischer, W. Adler, K. Oswald: Exkursionsflora für Österreich, Liechenstein und Südtirol. Linz, 2005
Hecker Franz, Hecker Karin: Kosmos Naturführer für unterwegs. Kosmos, 2009.
Kreuter Marie Luise: Der Bio-GartenBLV, München, 1993.
Maier Dieter: Die schönsten Pässe und Höhenstraßen der Alpen. Nebelverlag, Eggolsheim, 2000.
Menara Hanspaul: Südtiroler Gipfelwanderungen. Athesia, Bozen, 2010.
Menara Hanspaul, Hannsjörg Hager: Berge und Bergsteiger. Alpingeschichte Südtirols. Athesia, Bozen, 1994.
Menara Hanspaul: Südtiroler Seenwanderungen. Athesia, Bozen, 2002.
Ortner Peter: Die Dolomiten in Farbe. Kosmos, Stuttgart, 1979
Ortner Peter: Tierwelt der Südalpen. Athesia, Bozen, 1978.
Peterlini, Hans Karl, Forcher Michael: Südtirol in Geschichte und Gegenwart. Haymon, Innsbruck, 2010.

Quellen & aktuelle Daten:
Straßen und Wege: Radwegenetz: http://www.suedtirol-rad.com/radwege-routen/radwege-netz-suedtirol und Via Claudia Augusta: http://www.viaclaudia.org/de/2000-jahr-feiern.html
Gebirge und Berge: Südtiroler Alpenverein
http://www.alpenverein.it/de/information/index-1.html
Gesteine und Mineralien: Teiser Mineralienmuseum http://www.mineralienmuseum-teis.it/
Flüsse, Bäche und Quellen: Abteilung Landesagentur für Umwelt:
http://www.provinz.bz.it/umweltagentur/wasser/rienz.asp
Seen und Weiher: Abteilung Landesagentur für Umwelt:
http://www.provinz.bz.it/umweltagentur/wasser/rienz.asp
Naturparke: Abteilung Natur, Landschaft und Raumentwicklung
http://www.provinz.bz.it/natur-raum/themen/naturparks.asp und
http://www.provinz.bz.it/daksy/
Naturdenkmäler: Abteilung Natur, Landschaft und Raumentwicklung http://www.provinz.bz.it/natur-raum/themen/naturdenkmaeler.asp und
http://www.provinz.bz.it/natur-raum/download/Liste_Naturdenkmaeler_de_u_it_15_12_2011.pdf
Wetter und Klima: Wetter: http://wetter.bz.it/klima_suedtirol.html und Landeswetterdienst http://www.provinz.bz.it/wetter/meteorologische-begriffe.asp
Tierwelt und Pflanzenreich: Naturmuseum Südtirol http://www.florafauna.it/
und http://www.alpen-info.net/flora/alpenblumen/tuerkenbund-lilie.html
und Abteilung Natur, Landschaft und Raumentwicklung http://www.provinz.bz.it/natur-raum/themen/1477.asp
Vegetation: Autonome Provinz Bozen: Waldtypisierung Südtirol. Bd. 1
http://www.provinz.bz.it/forst/studien-projekte/waldtypisierung.asp

Im Kreis der Jahreszeiten

Hrsg. Arbeitsgemeinschaft für Vogelkunde und Vogelschutz: Aus der Luft gegriffen. Atlas der Vogelwelt Südtirols. Tappeiner/Athesia, Bozen, 2007.
Wilhelm, Handel Alfred, Zimmer Ute.: Tier- und Pflanzenführer für unterwegs. BLV, München Zürich, 2001.
Fink Hans: Verzaubertes Land. Tyrolia, Innsbruck, 1969
Gruber Karl, Griessmair Hans: Heilige Orte. Quellen der Kraft in Südtirol. Athesia, 2007.
Holtei Christa, Michalski Tilman: Das große Familienbuch der Feste und Bräuche. Patmos Verlag, 2005.
Katholischer Familienverband: Mit Festen durch das Jahr. Bozen, 2005.
Matscher Hans: Heilige im Südtiroler Volksleben. Brixen, 1961
Quelle: Susanne Fischer-Rizzi: Medizin der Erde. Heyne Verlag, 1999.
Seghezzi Ursula: Macht Geschichte Sinn. Uma Institut, Luzern, 2011.
Gütersloh/München, 2008.

Quellen & aktuelle Daten:
Jahreskreis: Bauernkalender http://www.sagen.at/doku/hda/bauernregeln.html
Bewegung und Sport: Verband der Sportvereine Südtirols
http://www.vss.bz.it/
Fischerei in Südtirol http://www.provinz.bz.it/forst/fischerei/fischerei-suedtirol.asp
Fischereiverband Südtirols: http://www.fischereiverband.it
Rodelbahnen: http://www.suedtirol.info/Reiseziele--Aktivitaeten/Winteraktivitaeten/Rodeln.html
Pflanzen im Jahreskreis: http://www.jahreskreis.at/Jahreskreis_Pflanzen.htm
Tiere im Jahreskreis: Daksy NaturparkKids Südtirol
http://www.provinz.bz.it/daksy/de/naturpark_aktiv.html
Südtiroler Jagdportal: http://www.jagd.it/hochwild/hirsch.htm
Volksbräuche: Brauchtum http://www.suedtirol.info/Wissenswertes/Land--Leute/Brauchtum--Tradition.html
http://www.altoadige-suedtirol.it/geschichte_kunst/brauchtum/index.php
http://www.suedtirolerland.it/de/highlights/brauchtum-kultur
http://www.suedtirol.com/kultur/traditionen

Wir freuen uns jederzeit über Rückmeldungen, Anregungen und Ergänzungen zu den Texten und Bildern dieses Buches.
www.evigasser.com • www.gschleier.eu